Die Autorin

Dorothy Morrison ist eine Wicca-Hohepriesterin der georgianischen Tradition. 1986 gründete sie den *Coven of the Crystal Garden* und ist Mitglied der *Pagan Poet's Society* (dtsch.: Vereinigung heidnischer Dichter). Seit zwanzig Jahren praktiziert sie hingebungsvoll die alten Künste, die sie auch ihren Schülern in den Vereinigten Staaten und in Australien vermittelt. Dorothy Morrison ist Bogenschützin und -jägerin und nimmt regelmäßig an Freiluftturnieren teil, worin sie in mehreren Bundesstaaten Titel hält. Außerdem interessiert sie sich für Tarot, Kräuterheilkunde, Bildhauerei und Networking.

Dorothy Morrison
c/o Llewellyn Worldwide
P. O. Box 64383, Dept. K496-0
St. Paul, MN 55164-0383, U. S. A.

Zu den Hexenfesten sind in unserem Programm erschienen:
Silver RavenWolf, Halloween
Anna Franklin, Mittsommer

In Vorbereitung
Raven Grimassi, Walpurgis
Anna Franklin/Paul Mason, Lammas

DOROTHY MORRISON

JUL

DAS FEST DER WÄRME UND LIEBE
SPRÜCHE & RITUALE

Aus dem Amerikanischen von Nina Arrowsmith

Ullstein

Ullstein Esoterik
Herausgegeben von Michael Görden

Aus dem Amerikanischen übersetzt von Nina Arrowsmith
Titel der Originalausgabe
YULE: A CELEBRATION OF LIGHT AND WARMTH
Erschienen bei Llewellyn Publications, St. Paul, Minnesota, USA

Umwelthinweis:
Dieses Buch wurde auf chlor- und säurefreiem Papier gedruckt.

Deutsche Erstausgabe im Ullstein Taschenbuch
1. Auflage November 2005

Umschlaggestaltung: FranklDesign, München
Titelabbildung und Innenillustrationen: Kate Thomsson
Gesetzt aus der Goudy
Satz: LVD GmbH, Berlin
Druck und Bindearbeiten: Ebner & Spiegel, Ulm
Printed in Germany
ISBN-13: 978–3-548-74281-6
ISBN-10: 3-548-74281-5

Widmung

Für meinen Sohn Jeremiah, meine Nichten Theresa und Beth und deren Kinder Joshua, Justin, Jacob und Andrew. Und für alle auf der Welt, die im Gleichschritt zu den Klängen, die die Könige der Stechpalme und der Eiche ertönen lassen, tanzen.

In Gedenken an

Gary Minton – dem lieben Freund und Gründungsmitglied des *Wild Bunch:* Die Wärme Deines Lachens wird schmerzlich vermißt.

Inhalt

Danksagung

Die Weihnachtszeit erweckt nicht nur Gefühle der Versöhnlichkeit, Wärme und Freude in uns, sie ist auch eine Zeit des Nachdenkens und eine Zeit, um Dankbarkeit und Wertschätzung für all das, was wir haben, und das, was wir durch andere Menschen erfahren, zu zeigen. Dies war auch der Fall beim Schreiben dieses Buches: Die Erinnerung an glückliche Festtage kehrte wieder, brachte lächelnde Gesichter mit sich und ließ mich innehalten. Gutes kam von allen Seiten, und ich nahm es dankbar an. Und nun habe ich die schönste Möglichkeit von allen: meine Dankbarkeit zu zeigen. Bei dieser Gelegenheit danke ich Euch allen von Herzen, besonders den folgenden Personen:

Pat Monaghan für ihre guten Ratschläge, für die Versorgung mit Belegquellen und Informationen, für die Erlaubnis, in ihrem Gehirn herumzustochern und ihr Gedicht »Das Herannahen der Sonnwende« zu verwenden.

Donna Sharley für das Göttlichkeitsrezept ihrer Großmutter und zahllose Feiertagsideen und dafür, daß sie meine Montagsnachts-Kaffeegefährtin war, und dafür, daß sie immer da war, um mich wieder aufzurichten, egal, wie lange oder schamlos ich weinte.

InaRae Ussack, Trish Telesco und Sirona Knight für die konstante Motivation und dafür, daß sie für dieses Buch ihren Ideen-Reichtum mit mir teilten.

Kathy und Florence Pruchnicki, Su Walker, Susan R. Larson, Jacquie Brennan und Janne Potter und der heidnischen Frauendiskussionsgruppe dafür, daß sie Runja, den Weihnachtsscheit, Latke, Drachenschichtkuchen und natürlich auch die Rosinenkuchenrezepte großzügig mit mir teilten.

Wendy Crowe und Jami Shoemaker für die Tradition des lebenden Weihnachtsbaums und natürlich das Reinigungsritual und dafür, daß sie die Welt zu einem schöneren Ort machen.

Anne Marie Garrison für die Sonnwendtraditionen ihrer Familie und für das wundervolle Cover, das Sie auf diesem Buch sehen.

Kitty Laust-Gamarra für das phantastische Rezept für die Spanische Truthahn-Suppe und für ihre Zauberei bezüglich der Organisation von Reiseterminen und dem Finden von Informationen, die ich in letzter Sekunde benötigte – auch wenn der Computer ausfiel.

Den *Sorceresses Extraordinaires:* Karin Simoneau, Kjersti Monson und Amy Rost-Holz für ihre wunderbaren Illustrationen und dafür, daß sie mich auf Hochglanzpapier immer gut aussehen lassen – egal, wie groß die Herausforderung ist.

Nancy Mostad und Ann Kerns für ihre freundlichen Stimmen, ihre ständige Hilfe und ihre unendliche Geduld.

Carl und Sandra Weschke dafür, daß sie an mich glaubten und mich immer wie einen Teil ihrer Familie behandelt haben.

Und schließlich dem guten alten heiligen Nikolaus, der mir am Weihnachtstag 1998 Mark, die Liebe meines Lebens, gebracht hat – zusammen mit einer Flasche Wein!

Möge die Sonne Euch auf Eurem Weg durch die Dunkelheit immer geleiten und Euch mit der Wärme ihres goldenen Scheines umhüllen. Das fröhlichste aller Weihnachtsfeste wünsche ich Euch allen!

Teil 1

Das Julfest und sein Platz in unseren Herzen

Das Herannahen der Sonnwende

Ja, Freunde, die Dunkelheit gewinnt,
aber in diesen kurzen Tagen feiert doch das Licht:

Heute dauerte der Zitronensonnenaufgang
wenige Stunden, bis die Sonne wieder verschwand,

den ganzen Tag glühte rosa der Schnee, der die Wiesen
bedeckt, eine Zeit von Schwarz und Weiß ist dies nicht,

da draußen, meine Freunde. Und hier unter uns soll unser Gesang
erzählen von dem Wissen, das der Winter uns sandt:

Freude und Farbe blühen im Angesicht
der Nacht, an Liebe, nicht Grad, messen wir Wärme und Licht.

PATRICIA MONAGHAN

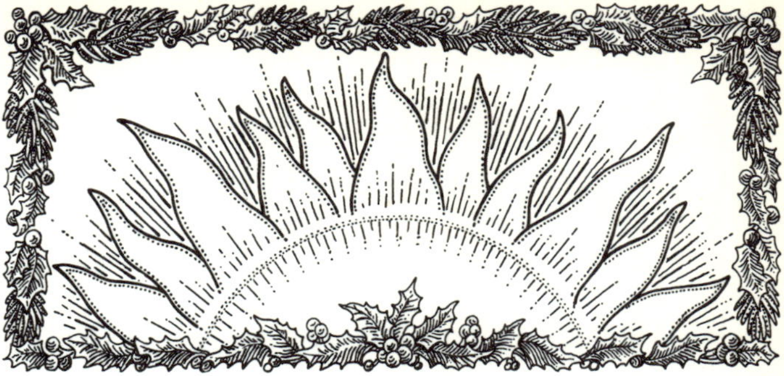

1

Die Geschichte des Julfestes: Wie alles begann

Wir alle sind Menschen, und doch unterscheidet uns vieles voneinander: Seien es Größe, Hautfarbe oder Gestalt, unsere unterschiedlichen kulturellen Hintergründe, die verschiedenen Sprachen, die wir sprechen, oder die Religionen, denen wir angehören. Selbst das Essen, das wir mögen, ist unterschiedlich. Doch wer auch immer wir sind und wo auch immer wir leben, eines ist uns allen gemein: Wir alle freuen uns auf die Winterfeiertage. Einige nennen sie Weihnachten oder Hanukkah, andere Las Posadas oder Ta Chiu. Bei wieder anderen heißen sie Wintersonnenwende oder Jul, und die vielen weiteren Namen, die es dafür gibt, können die meisten von uns nicht einmal aussprechen. Jede Feierlichkeit ist ein wenig anders, aber die zu Grunde liegenden Ideen sind überall dieselben: Diese Feiertage sind eine Zeit der Besinnung, der guten Vorsätze und der Erneuerung, eine Zeit des Schenkens, der Versöhnlichkeit und der Nächstenliebe. Vor allem aber zelebrieren wir alle das Gleichgewicht zwischen Licht und Dunkel und die Wiederkehr der heilenden Kräfte der Wärme: ein gemeinsames Fundament, das uns alle zusammenhält.

Woher aber kommen sie, diese Feiertage, die wir alle feiern? Entgegen dem allgemeinen Glauben begannen sie nicht mit der Geburt Christi, sondern fanden ihren Ursprung vor viertausend Jahren im alten Ägypten. Der Anlaß war ein aufwendiges Fest zur Feier der Wiedergeburt von Horus, dem Gott, der täglich als Feuerscheibe am Himmel erschien – dieselbe Scheibe, die wir heute als Sonne bezeichnen. Weil die Ägypter Horus zu Ehren einen Zwölf-Monats-Kalender eingerichtet hatten, dauerte das Fest zwölf Tage, von denen jeder einen Monat symbolisierte.

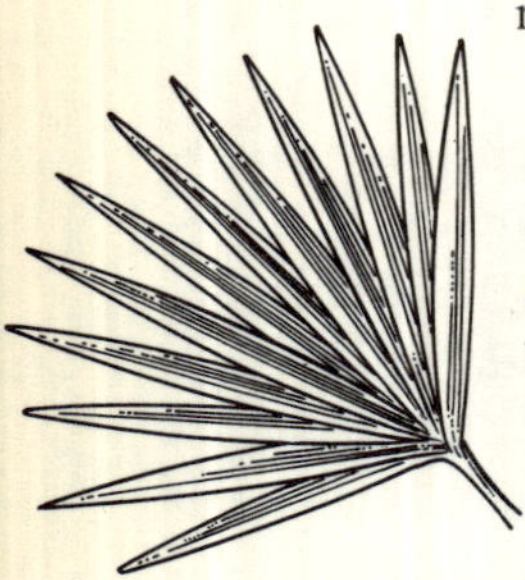

Um die Sonne zu ehren, wurden die Gebäude mit Grünpflanzen aller Art geschmückt. Die geschätzteste Dekoration waren Palmwedeln mit zwölf Blättern. Der Grund für deren Wert war ein einfacher: Da Palmwedeln jeden Monat ein Blatt wächst, stellte ein zwölfblättriger Palmwedel eine Art Kalender dar. Dadurch repräsentierten sie den gesamten Zyklus von Geburt, Tod und Wiedergeburt der Sonne. Indem man die Sonne mit Palmwedeln ehrte, glaubte man, ihren Wachstum und ihre Macht zu stärken und sie zu ermutigen, länger am Himmel zu bleiben.

Die Ägypter standen auf der Höhe ihrer Macht, und die Kunde ihrer Sonnenbegrüßungszeremonien verbreitete sich schnell in ganz Mesopotamien. Die Babylonier glaubten, daß diese Rituale der Grund für das Wohlergehen ihrer Nachbarn sei, und so nahmen sie sie an und begannen, sie ebenfalls zu praktizieren. Sie nannten die Zeremonie Zagmuk[1] und ersetzten den ägyptischen Gott Horus durch ihren eigenen Schöpfer bzw. Sonnengott Marduk. Die Babylonier glaubten, daß Marduk die Welt als einen Ort der Ordnung, Schönheit und des Friedens erschaffen hatte. Dies war keine leichte Herausforderung gewesen, da er zuvor einen zermürbenden Kampf gegen die Ungeheuer des Chaos hatte kämpfen müssen.

Jahr um Jahr verlief glücklich, bis das kühlere Wetter den Winter brachte, die Ungeheuer ihre Stärke wiedererlangten und aufs neue Marduks Herrschaft bedrohten. Der Krieg begann und dauerte zwölf Tage an, aber Marduk konnte seine Gegner nicht länger alleine bekämpfen: Er benötigte die Hilfe des Volkes, dessen Aufgabe es war, ihn anzufeuern und in seinem Kampf zu unterstützen. Nur so konnte die Ordnung wiederhergestellt werden und Schönheit und Frieden wieder Einzug auf Erden halten.

Das Zagmuk-Fest begann fünf Tage vor und endete sechs Tage nach der Wintersonnwende, wobei der Höhepunkt der Feierlichkeiten auf die Sonnwende selbst fiel. Am siebten Tag blieb die Sonne länger am Himmel – ein sicheres Zeichen dafür, daß Marduk sich auf dem Weg zum Sieg befand. Es folgten Paraden auf dem Land und zu Wasser, freudige Botschaften

---

1 Da die Historiker sich über das Jahresende der Babylonier uneins sind, gibt es Kontroversen darüber, ob Zagmuk wirklich ein Winterfest war. Ich selbst stütze meine Schlussfolgerungen auf essentielles Material, das aus mehreren Quellen stammt, so z. B. die *New LaRosse Encyclopedia of Mythology*, Middlesex, England, Hamlin Publishers, 1968, *The Golden Bough*, New York, The MacMillan Company, 1951, und die *Encyclopedia Brittanica*

wurden verkündet, und gelegentlich wurden auch Geschenke ausgetauscht. Die Welt war für ein weiteres Jahr erneuert worden, und dem babylonischen Volk erging es wohl.

Wenig später sprangen die Perser mit auf den Zug auf und begannen, Marduk ebenfalls zu unterstützen. Ihr Fest, das sie Sacaea nannten, unterschied sich kaum vom Zagmuk-Fest und beinhaltete einen zeitweiligen Zustand des Chaos. Sklaven und Herren tauschten Plätze, ein Narrenkönig wurde gekrönt und Recht und Ordnung hatten nichts zu melden. Groll und Schulden waren, wenn auch nur kurzzeitig, vergessen, und alle ließen es sich gutgehen – warum auch nicht? Dies war die einzige Zeit im Jahr, in der die Menschen das tun konnten, was ihnen gefiel, ohne sich Sorgen um die Konsequenzen oder ihre Bestrafung machen zu müssen. Während der letzten Tage des Festes beruhigten sich die Dinge langsam, und am Ende war wieder Ordnung in die griechische Welt eingekehrt.

Schließlich verbreitete sich die Kunde dieser Festivitäten zur Begrüßung der Sonne, und andere Völker übernahmen sie und übertrugen sie auf ihre eigenen Gottheiten und Bestien. In der griechischen Version des Sacaea-Festes besiegte Zeus Kronos und die Titanen. Aber das war nicht der Hauptgrund für die Feierlichkeiten: Während der zwölf Sacaeatage durchstreiften und verwüsteten die *Kallikantzaroi,* bösartige Kobolde ähnlich denen, die Marduk bekämpfte, das Land. Es wurde ihnen nachgesagt, die Seelen unschuldiger Kinder, besonders derer, die in dieser

Zeit geboren wurden, zu stehlen. Natürlich taten die Griechen ihr Bestes, um sie sich vom Leibe zu halten. Neugeborenen wurden Knoblauchbündel in die Wiege gelegt, und da die Monster offensichtlich weder Feuer noch Rauch ertrugen, brannte während des Festes in jedem Haus ein großer Holzscheit. Dieser wurde mit allem angeheizt, von dem man glaubte, daß es die Angreifer möglicherweise fernhalten könne: mit alten Kleidern und Schuhen, verdorbenen Nahrungsmitteln und vielem mehr.

Schließlich entschlossen sich auch die alten Römer, von denen ein großer Teil Anhänger einer Religion der Sonnenverehrung namens Mithraismus[2] war, sich anzuschließen. Zu diesem Zeitpunkt begannen die Winterfeierlichkeiten ihre heutige Form anzunehmen. Die alten Römer kombinierten viele der verschiedenen Traditionen ihrer Vorgänger und fügten einige ihrer eigenen hinzu. Als erstes wurden die Götter ausgetauscht: Zeus wurde zu Jupiter und Kronos zu Saturn. Dies ermöglichte es ihnen, wenn auch nur für kurze Zeit, ihren wichtigsten Gott Saturn anzubeten. Aus diesem Grund wurden die Feierlichkeiten Saturnalien genannt.

Doch weshalb all der Trubel um Saturn? Nun, Saturn war nicht nur verantwortlich für den Puls der Natur und die Fruchtbarkeit des Landes, er war es auch, dem das Volk sein Wissen über Ackerbau, Gerechtigkeit und friedvolles Leben zu verdanken hatte. Seine Herrschaft, die allgemein als das Goldene Zeitalter bekannt ist, bedeutete ein fruchtbares Leben und die Gleichheit aller Menschen. Von diesem Standpunkt

2 Sir James George Fraser: *The Golden Bough*, New York, The MacMillan Company, 1951

betrachtet ist es kein Wunder, daß es dem Volk so wichtig war, ihm zu huldigen.

Das Fest fand erstmals im Tempel des Saturn in Rom statt mit einer Zeremonie, die die Ketten sprengen sollte, in denen der Gott das ganze Jahr über gelegen hatte, was ein sicheres Zeichen dafür war, daß das Goldene Zeitalter noch andauerte und blühte. Dieser Tag war ein Feiertag in ganz Rom: Zank und Auseinandersetzungen waren Geschichte, die Schule fiel aus und Geschäfte und öffentliche Einrichtungen waren geschlossen. Um die Gleichheit aller zu verdeutlichen, stellten Kinder die Regeln für ihre Familien auf, Herren bedienten ihre Sklaven und ein Narrenkönig, der Herr der Unordnung, wurde gekrönt.

Während dieser Woche schmückten die Römer ihre Häuser mit Lorbeerzweigen. Sie zündeten Kerzen und Lampen an, um böse Geister zu vertreiben, und entfachten Lagerfeuer auf den umliegenden Hügelkuppeln, um die Geburt der Sonne zu unterstützen. Man feierte weiter mit Kerzenlichtprozessionen, Gesängen, Maskenbällen und sorgfältig zubereiteten Festgelagen. Der Austausch von Geschenken, den die Babylonier als gelegentlichen Brauch eingeführt hatten, wurde zu einem obligatorischen Bestandteil der Feiertage. Die Römer wußten, wie man eine Party schmeißt, und die Saturnalien war die größte Sause des Jahres.

Die Sonne erlangte ihre Macht über den Himmel zurück, und wieder einmal hatte Jupiter Saturn besiegt. Er war für ein weiteres Jahr in Ketten gelegt, und in Rom kehrte wieder die alltägliche Ordnung ein. Dies bedeutete aber nicht, daß Jupiter nicht weiterhin gehuldigt wurde, immerhin war er der Gott des Erfolges und der körperlichen Gesundheit, und von beidem kann man bekanntlich nie genug haben.

Das also ist der Ursprung der Popularität der Winterfeierlichkeiten. Sie verbreiteten sich in ganz Europa, tauchten hier und da auf, verfestigten sich und wurden immer bedeutender. Schließlich gab es keine Kultur, keine Konfession und kein Glaubenssystem mehr, das nicht sein eigenes Fest hatte.

Dann schob sich das Christentum, eine neue Religion, in den Vordergrund und überschwemmte die zivilisierte Welt. Doch bei den Bekehrungsversuchen trat ein Problem auf: Wie verlockend auch immer die neue Religion in den Ohren der Heiden klang, man war an die alten Bräuche und den herkömmlichen, einheitlichen Lebenswandel gewöhnt. Vor allem wußten die Heiden, wie ihre Götter auf verschiedene Situationen reagierten, und vertrauten ihnen. Es gab keinen Grund, eine Lebensform anzunehmen, die sie nicht verstanden, oder einen Gott, den sie nicht kannten.

Die Christen, die früher selber Heiden gewesen waren, sahen das ein und heckten einen Plan aus, mit dem die Heiden sich wohler fühlen sollten: Zuerst bauten sie Kirchen auf alten Kultstätten, da die Heiden ihre Götter schon immer an diesen Orten verehrt hatten, sich dort heimisch fühlten und sie, Kirchen hin oder her, auch weiterhin besuchen würden. Sie fügten heidnische Symbole in das Kirchendekor ein und erweiterten ihre Rituale um einige heidnische Bräuche. Um das Ganze weiter voranzutreiben, änderten sie schleichend die Namen einiger heidnischer Gottheiten, nannten sie Heilige und gliederten sie in das christliche Pantheon ein.

Der Plan war gut, aber er funktionierte nicht so wie

erhofft. Tatsächlich nahmen die Römer ihn nicht sehr positiv auf, weil sie den Eindruck hatten, daß die Christen ihre Götter verspotteten. Schließlich konnten die Christen ihre Religion nicht mehr unverfolgt ausüben und mußten sich für eine Weile verstecken, bis sie wußten, wie es weitergehen sollte.

Um das vierte Jahrhundert herum hatten die Christen dann eine Art Offenbarung: Entgegen der heidnischen Religionen, basierte die ihre auf den Lehren und Taten ihres menschlichen Gottes Jesus Christus und dessen Tod und Wiederauferstehung. Seiner Geburt aber war nie viel Aufmerksamkeit zuteil geworden. Da der Zyklus aus Geburt-Tod-Wiedergeburt in heidnischen Glaubenssystemen immer eine große Rolle gespielt hatte, war die Geburt Christi ein fehlendes Glied. Darüber hinaus beteten die Heiden Göttinnen, insbesondere Muttergöttinnen, an. Die Christen erkannten ihre Fehler, setzten ihre Denkermützen auf und kehrten an ihr Planbrett zurück.

Heraus kam eine ganze Reihe von Plänen, die die Probleme der Ausübung ihrer Religion lösen sollten. Zuerst beschäftigten sie sich mit dem Göttinnenproblem. Einige Göttinnen zu Heiligen zu erklären war kein Problem, aber sie brauchten etwas Stärkeres: eine echte Muttergöttin im Zentrum ihrer patriarchalischen Welt. Am Ende entschieden sie sich für Maria, die Mutter ihres menschlichen Gottes Jesus. Zuvor war sie für die christliche Welt unwichtig gewesen, doch jetzt erlangte sie neue Bedeutung als »Die Mutter Gottes«. Um ihre Position zu festigen, nutzte man auch die Geschichte ihrer Himmelfahrt und erklärte sie zur »Königin

des Himmels«. Diese Veränderungen stellten in den Augen der übrigen Welt eine Verbindung zwischen dem Christentum und der Göttin Isis, der ägyptischen Königin des Himmels, her, und schenkten den Christen damit etwas Frieden.

Doch ihre Probleme waren nicht endgültig gelöst. Um in Ruhe beten und neue Mitglieder werben zu können, mußten sie sich noch mehr an die heidnischen Bräuche annähern. Schließlich fanden die Christen eine Lösung: Wenn sie die Heiden nicht besiegen konnten, würden sie sich ihnen einfach anschließen.

Da niemand wirklich wußte, wann das Christkind geboren worden war, datierten die Christen seine Geburt auf den fünfundzwanzigsten Dezember.[3] Das Datum fiel in die Mitte der Winterfeiertage, und da einige Heiden an diesem Tag sowieso spezielle Feste feierten, würde das neue Fest nicht auffallen.[4] Um den reibungslosen Ablauf zu sichern, ergriffen die Christen eine zusätzliche Sicherheitsmaßnahme: Sie bezeichneten das Fest als »Die Geburt des Sohnes«. Weil »Sohn« und »Sonne« gleich ausgesprochen wurden, dachten die Heiden, das neue Fest sei nur eine weitere Version ihrer eigenen Festlichkeiten: Die Heiden waren glücklich, die Christen in Sicherheit, und der Welt ward die Weihnacht geschenkt!

---

3 Die Theologen sind sich heute sicher, daß Jesus Christus nicht im Winter geboren worden sein kann. Es gibt zwar verschiedene Standpunkte, doch der häufigste stützt sich darauf, daß die Winter in Bethlehem zu hart waren, weswegen die Schäfer nur in wärmeren Monaten nachts Schafe hüten konnten. Während der Wintermonate lagen sie in ihren sicheren Häusern in warmen Betten.

4 273 gründete der römische Imperator Aurelius eine Sonnenanbetungsreligion, die sich »Der Kult des Sol Invictus« nannte. Die Geburt des Hauptgottes Sol Invictus wurde am 25. Dezember gefeiert.

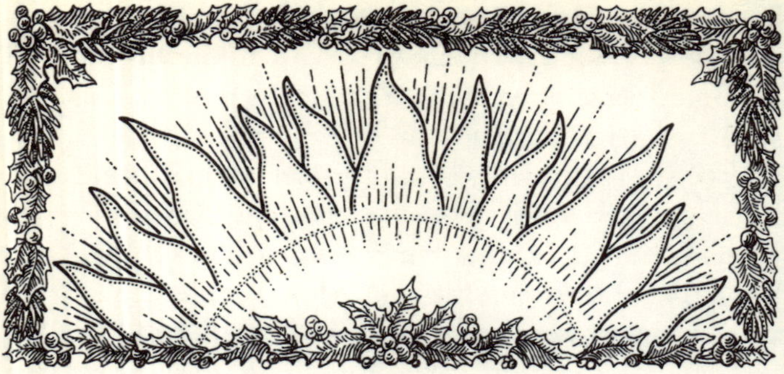

2

Jultraditionen und -symbole

Wenn Sie dieses Kapitel lesen, wissen Sie bereits, daß viele der üblichen Jultraditionen und -symbole ursprünglich aus Babylonien, Persien, Griechenland und Rom stammen. Aber was ist mit all dem anderen, das uns lieb und teuer ist: den Glocken, Stechpalmen, Weihnachtsbäumen, Zuckerstangen und dem Weihnachtsmann? Wie sind sie entstanden?

Nun, auch wenn es den Christen gelang, die Massen zu konvertieren, behielten viele Heiden ihre eigenen Feste bei. Sie brachten frischen Wind in die altertümlichen Bräuche und fügten neu entstandene Symbole hinzu. Auch die Christen erfanden ihre eigene Symbologie und bald wuchsen all die Symbole, Bräuche und Traditionen zusammen. Herauszufinden, welche woher kamen, wurde immer schwieriger, also wurde beschlossen, die Dinge zu vereinfachen, indem man sie alle zu einem Teil der Winterfeierlichkeiten erklärte. Letzten Endes, so wurde argumentiert, spielte es keine Rolle, welche Ideen heidnisch und welche christlich waren. Das einzige, das zählte, war, daß sie heilig waren und in die Weihnachtszeit, eine Zeit der Mannigfaltigkeit und Freude, kurz: der friedlichsten Zeit des Jahres, gehörten.

Und doch: Es macht Spaß, die Ursprünge all der Bräuche zu ergründen, die die Weihnachtszeit ausmachen. Wußten Sie beispielsweise, daß Immergrün ursprünglich dazu diente, böse Geister zu vertreiben? Daß die Figur des Weihnachtsmannes vermutlich aus der des nordischen Gottes Odin hervorging? Oder daß das Zuhause des Weihnachtsmannes am Nordpol eine amerikanische Erfindung ist? Die Ursprünge dieser und vieler anderer Feiertagsbräuche und -geschichten finden Sie hier.

Adventskranz:

Obwohl der Advent ursprünglich von den Lutheranern erfunden wurde, haben viele Religionen die Tradition übernommen und ihre Funktion ihren eigenen Zwecken angepaßt. Traditionell wird der Adventskranz aus Immergrün hergestellt und mit vier Kerzen geschmückt. Das Ritual beginnt am vierten Sonntag vor Weihnachten. Jeden Sonntag wird eine Kerze angezündet und brennt

die ganze Woche hindurch, um »Das Licht der Welt« willkommen zu heißen. Am vierten Sonntag brennen dann alle vier Kerzen zusammen als Willkommensgruß.

Baum:

Obwohl der Brauch, Immergrün zu verwenden, bis zu den alten Griechen und Römern zurückreicht, wurden Weihnachtsbäume wohl zum ersten Mal im achten Jahrhundert in Deutschland aufgestellt. Der Legende nach versuchte der heilige Bonifatius eine Gruppe von Druiden zu bekehren. Obwohl er tat, was er konnte, gelang es ihm nicht, sie zu überzeugen, daß der Eichbaum weder geheiligt noch unbesiegbar sei. Verzweifelt fällte er schließlich eine Eiche. Als der Baum umfiel, zerstörte er alles, was ihm in den Weg kam, bis auf einen einzigen immergrünen Schößling. Bonifatius erklärte dies zum Wunder und verkündete, daß der Tannenbaum dem Christkind gehöre. Von da an wurden Tannenbäume als Weihnachtsschmuck in die Häuser gebracht. Erst im sechzehnten Jahrhundert aber kamen die Deutschen darauf, die Bäume zu schmücken. Einige Historiker glauben, daß der erste Schmuck, der aus Früchten, Nüssen und Keksen bestand, dazu diente, der Seele des Baumes zu danken.

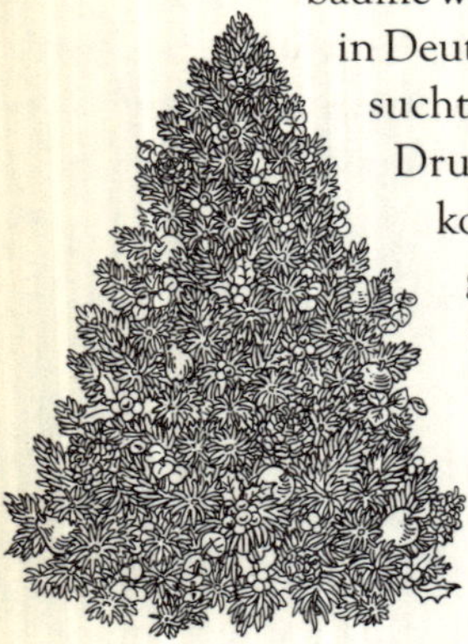

Elfen:

Es gibt mehrere Gründe, weshalb Elfen mit den Weihnachtsfeiertagen in Verbindung gebracht werden: Zum einen wurde das Land, in dem die Elfen wohnen (Alfaheimr), von den Wesen, die die Sonne erschufen, bewohnt, und diese Geschöpfe in das Fest miteinzubinden sollte die Sonne dazu ermutigen, wieder zu scheinen. Eine weihnachtlichere Theorie dreht sich um Odin, den Elfenkönig, dessen magische Fähigkeiten sich in dem heutigen Weihnachtsmann wiederfinden. Zudem wurden die Elfen mit großer Wahrscheinlichkeit mit Weihnachten assoziiert, um das Bild des Weihnachtsmanns zu vervollständigen. Denn was ist schon ein Elfenkönig ohne Elfen?

Geschenke:

Die Tradition des Schenkens, die wohl in Babylonien anläßlich des Zagmuk-Festes entstand, erlangte durch die Saturnalienfeste im antiken Rom große Beliebtheit. In späteren Jahren nahmen die Christen diesen Brauch auf, verbanden ihn aber mit den heiligen drei Königen und ihren Gaben an das Jesuskind.

Glocken:

Glocken sind ein Überbleibsel der alten Heiden, die sie auf ihren Festivitäten läuteten, um die bösen Dämonen zu vertreiben, die während der kalten, dunklen Tage des Jahres auftauchten. Die christliche Bibel hingegen verkündet, daß die Menschen »... freudvolle Klänge für den Herrn ...« erklingen lassen sollten. Da das Klingen von Glocken dieser Forderung zu entsprechen schien, überlebte die Tradition des Glockenläutens bis heute.

Immergrün:

Immergrünschmuck reicht zurück zu den frühesten Winterfesten. Da das Grün seiner Äste und Blätter nie verblaßte, glaubte man, daß Immergrün Macht über Tod und Zerstörung habe, Macht genug, um über alle Winterdämonen, die die Erde heimsuchten, zu siegen, und genug Hartnäckigkeit, um die Sonne wieder zum Leuchten zu bringen.

Julscheit:

Obwohl der Julscheit oft den skandinavischen Völkern zugesprochen wird, kann man doch behaupten, daß er eigentlich von den alten Griechen stammt, die ganze Bäume verbrannten, um die unheilbringenden Kallikantzaroi von sich fernzuhalten. Die Kelten aber erfanden den Brauch neu und gaben ihm eine andere Bedeutung. Der Scheit (ein Symbol für ihren Eichenkönig), geschmückt mit dem üblichen Immergrün (einer

Repräsentation ihres Stechpalmenkönigs), versinnbildlicht den Tod der Dunkelheit und die Wärme der Sonne während des neu geborenen Sonnenjahres. Der Tradition nach sollte der Scheit zwölf Tage lang ununterbrochen brennen, und ein Stückchen des Holzes sollte aufgehoben werden, um im nächsten Jahr damit den neuen Scheit zu entzünden. Der erste Tag des Julfeuers hängt von dem jeweiligen Glauben ab. Heiden entzünden das Julfeuer normalerweise zur Wintersonnwende, während Christen bis zum Weihnachtstag warten.

Kamin:

Es waren die Engländer, die auf die Idee kamen, der Kamin sei der Eingang für den Weihnachtsmann, der ungesehen kommen und gehen können mußte, um unbemerkt seine Geschenke abliefern zu können. Diese Tradition, die bis heute besteht, brachten die Pilgerväter mit nach Amerika. Deutsche und skandinavische Weihnachtsmänner müssen sich übrigens nicht einrußen, wenn sie Geschenke bringen: Sie kommen und gehen einfach durch die Haustür.

Kerzen:

Da Feuer die Kälte des Winters vertrieb und man glaubte, daß es die Sonne dazu ermutigte zu scheinen, war es immer schon ein wichtiger Teil der altertümlichen Winterfeste. Kerzen als Weihnachtsbrauch stammen wohl aus dem alten Rom, wo man sie einander als Saturnaliengeschenk überreichte. Ihr Leuchten sollte die düsteren Winterdämonen vertreiben und die Sonne wieder an den Himmel holen. Später dann nahmen die Christen sie als Symbol für Christus, das Licht der Welt, auf. So wurden sie ein bedeutender Bestandteil der Weihnachtsfeste, wie wir sie heute kennen.

Kranz:

Lange vor dem Christentum war die Kreisform ein heidnisches Symbol für das ewige Leben, den niemals endenden Kreislauf aus Geburt, Tod und Wiedergeburt. Oft wurde sie auch verwendet, um die Sonne zu symbolisieren. Es ist also kein Wunder, daß die Griechen den Kranz, geschmückt mit Grün, ihren Dekorationen für das Sacaea-Fest hinzufügten. Als die Römer zum ersten Mal die Saturnalien feierten, nahmen auch sie diesen Brauch an, verwendeten die Kränze aber auch als Geschenke, um die Unendlichkeit des guten Willens, der Freundschaft und der Freude zu symbolisieren.

Lametta und Eiskristalle:

Der Brauch, Lametta und Eiskristalle an den Weihnachtsbaum zu hängen, entstand durch eine winterliche Geschichte unbekannten Ursprungs. Früher durften sich weder am Baum noch in dessen weitester Umgebung Spinnen aufhalten – noch nicht einmal einen flüchtigen Blick darauf zu werfen war ihnen erlaubt. Empört über diese Diskriminierung, beschwerten sie sich beim Christkind. Nachdem es ihnen gestattet hatte, am Weihnachtsfest teilzunehmen, kletterten sie auf den Baum und bedeckten ihn mit ihren Netzen. Der Baum war so erfreut über diesen Schmuck, daß er die Netze in Silberfäden verwandelte.

Lichter:

Seit Jahrhunderten werden Häuser und Weihnachtsbäume mit Kerzen geschmückt, um böse Geister einzuschüchtern und die Sonne zum Scheinen zu bringen. Doch obwohl Kerzen schön sind, war ihr Gebrauch gefährlich: Man mußte ständig ein Auge auf sie haben, um zu verhindern, dass etwas Feuer fing. 1895 fand der Amerikaner Ralph E. Morris eine Lösung: Er hängte einige Kabel mit Schaltpultlichtern an seinen Baum, und das elektrische Weihnachtslicht war geboren.

Mistelzweig:

Obwohl Mistelzweige den Kelten, um genauer zu sein den Druiden, zugeschrieben werden, sind sich die Historiker einig, daß sie zuerst bei den griechischen Winterzeremonien verwendet wurden. Als sich aber die Winterfestlichkeiten in ganz Europa verbreiteten, waren es die Druiden, die dem Unkraut eine neue, heilige Bedeutung gaben. Für sie symbolisierte die Beerenpflanze den Samen Gottes, und sie wurde benutzt, um Fruchtbarkeit und Wohl-

stand herbeizuführen. Über der Türschwelle hängend, schützte sie auch vor Donner, Blitz und großem Unheil. Und weshalb küssen wir uns unter dem Mistelzweig? Die nordische Legende besagt, daß Frigg, die Mutter Balders, ihren Sohn so sehr liebte, daß sie den Gedanken nicht ertragen konnte, daß ihm etwas zustoßen könnte. Sie schloß einen Pakt mit den vier Elementen, der besagte, daß nichts in deren Königreich ihm Schaden zufügen würde. Aber Loki, der Gott des Chaos, verbreitete wie immer Unheil: Er fertigte einen Pfeil aus einem Mistelzweig an und gab ihn Balders blindem Bruder. Auf Lokis Anweisung hin wurde der Pfeil abgeschossen, und Balder starb. Ein Bad in Friggs Tränen brachte ihren Sohn aber wieder zum Leben, und darüber war sie so glücklich, daß sie die Mistel zu einer Pflanze des Glücks, der Liebe und der Verheißung erklärte. Seit alten Zeiten haben sich Menschen, manchmal ungewollt, unter dem Mistelzweig geküßt, um Friggs Segnung zu erhalten.

Nordpol:

Abgesehen davon, daß der Weihnachtsmann irgendwo leben muß, und daß er nur zur Winterzeit auftaucht, wird behauptet, daß sein eisiges Zuhause eine amerikanische Erfindung ohne große Bedeutung ist. Wenn man es aber genauer bedenkt, ist die Verbindung des Weihnachtsmannes mit dem Nordpol ein weiterer Teil der Tod-Wiedergeburt-Symbolik. Zum einen ist das Land, in dem er lebt, dunkel und so kalt, daß nichts seine Unbarmherzigkeit jemals überleben könnte. Doch der fröhlichste und freundlichste Mann der Welt ist dort nicht nur glücklich, er bringt auch Wärme und Freude in die Herzen jedes Menschen auf der Welt. Von diesem Blickwinkel aus wird deutlich, daß die Sonne (der Weihnachtsmann) jeden Winter geboren wird und gegen dessen Kälte (den Nordpol) ankämpft: eine der Hauptideen, auf denen die Wintersonnwendfeste basieren.

Pfefferkuchen:

Für diesen Brauch sind die Kreuzfahrer verantwortlich, die im elften Jahrhundert bei ihrer Rückkehr aus dem Mittleren Osten Ingwer mit nach Europa brachten. Die keksartige Substanz wurde aber erst wirklich beliebt, nachdem sich im fünfzehnten Jahrhundert französische und deutsche Bäcker zusammenschlossen und Pfefferkuchengilden gründeten. Damals wurde die Herstellung spezieller Brotsorten gesetzlich streng geregelt, und da Pfefferkuchen zu diesen zählten, durften sie nur während Ostern und Weihnachten hergestellt werden. Da die Bäcker ihre Buden regelmäßig auf den europäischen Weihnachtsmärkten aufstellten und es keine Ostermärkte gab, begann man bald, den würzigen Geschmack und himmlischen Duft der Pfefferkuchen mit Weihnachten zu assoziieren.

Plumpudding (dtsch: Pflaumenpudding):

Plumpudding ist ein seltsamer Name für dieses Gericht, wenn man bedenkt, daß es kein Pudding ist, keine Pflaumen enthält und eher dazu dient, die Zukunft vorauszusagen, als gegessen zu werden. Plumpudding ist ein Eintopf, der unter anderem aus Rosinen und Fleisch besteht, zu denen ein Schuß gewürzter Brandy und Rum gegeben werden. Im England des siebzehnten Jahrhunderts war das Kochen dieses Gerichtes eine Familienangelegenheit: Jedes Mitglied des Haushaltes rührte den Topf um und wünschte sich etwas. Zu einem bestimmten Zeitpunkt wurden verschiedene Gegenstände – ein Ring, eine Münze, ein Knopf und ein Fingerhut – hinzugegeben. Der Ring stand für eine Hochzeit, die Münze für Wohlstand, und der Knopf und der Fingerhut symbolisierten den ewigen Junggesellen bzw. die ewige alte Jungfer. Wenn einer dieser Gegenstände auf dem eigenen Teller landete, konnte man daraus sein Geschick für das nächste Jahr ersehen.

Poinsettia (Weihnachtsstern):

Die Poinsettia, die seit Jahrhunderten als die Blume der Heiligen Nacht bekannt ist, ist das Produkt eines alten mexikanischen Mythos. Es heißt, daß ein kleiner Junge sich sehnlichst wünschte, dem Christkind etwas zum Geburtstag zu schenken. Er war aber so arm, daß er es sich nicht leisten konnte, ihm etwas zu kaufen. Seine Absichten aber waren so aufrichtig, daß Gott eingriff und – voilà: Vor seinen Füßen erblühte ein Weihnachtsstern. Während des neunzehnten Jahrhunderts begann Dr. Joel R. Poinsett, Amerikas Botschafter in Mexiko und Hobbybotaniker, sich derart für die Blumen zu interessieren, daß

er bei seiner Rückkehr in die USA einige davon mit sich brachte. Die Pflanzen wurden dann nach ihm benannt, und die Poinsettia wurde geboren.

Rentier:

Obwohl sie allgemein mit dem Weihnachtsmann assoziiert werden, glauben viele Leute, daß sie die Hirsche repräsentieren, die den Wagen der nordischen Göttin Freya, die Geschenke verteilte, zogen. Einer anderen Vorstellung nach symbolisieren sie den Reichtum des gehörnten keltischen Gottes Cernunnos. In jedem Fall aber geht die Verbindung der gehörnten Huftiere mit den Feiertagen auf die Heiden zurück.

Schlitten:

Der Schlitten des Weihnachtsmanns ist mit großer Wahrscheinlichkeit ein Überbleibsel des nordischen Mythos von Freya. Die Legende besagt, daß sie jedes Jahr die zwölf Tage nach der Sonnwende damit verbrachte, Geschenke an diejenigen zu verteilen, die artig gewesen waren, und den Unartigen Unglück zu bringen. Ihr Fortbewegungsmittel war dabei, wie soll es anders sein, ein Wagen, der von Hirschen gezogen wurde!

Schmuck:

Ursprünglich schmückten die germanischen Völker ihre Bäume mit Früchten, Süßigkeiten, Keksen und Blumen. Dieser Schmuck symbolisierte den Überfluß, der kommen würde, wenn die Sonne wieder ihre Wärme verstrahlte. Dies war zwar ein wundervoller Brauch, doch die Dekorationen waren schwer und hielten schlecht am Baum. Einige Jahre später steckten die Glasbläser der Gegend ihre Köpfe zusammen und kamen auf eine Lösung: Man könnte die Bäume mit den federleichten Glaskugeln schmücken, die sie herstellten! Der Gebrauch der Kugeln erleichterte das Baumschmücken sehr. Darüber hinaus war die runde, dreidimensionale Form der Kugeln ein Sonnensymbol, was den Heiden eine willkommene Gelegenheit bot, sie auch in der christlichen Welt zu verehren.

Schneeflocke:

Da der Winter in vielen Gegenden Schnee bringt, war es ganz natürlich, daß die Schneeflocke ein allgemeines Feiertagssymbol wurde, oder? Nicht ganz, denn eigentlich steckt noch etwas mehr dahinter: Der Legende nach wurde die Schneeflocke aus den Tränen geformt, die Demeter weinte, nachdem Persephone in die Unterwelt hinabgestiegen war. Die mikroskopischen Flocken haben sechs Seiten, und da sechs die nu-

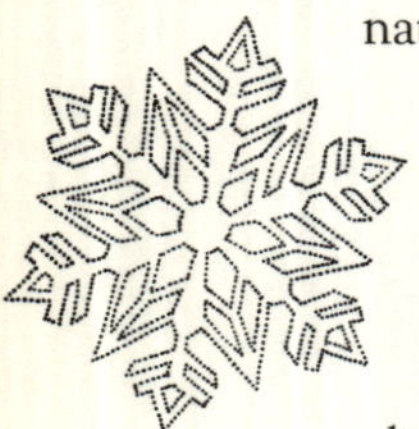

merologische Ziffer ist, die Zuneigung versinnbildlicht, wurde die Schneeflocke bei den Heiden zum winterlichen Symbol der Liebe.

Stechpalme:

Da sich die Stechpalme in der tödlichen Kälte des Winters mit kraftstrotzenden grünen Blättern und leuchtend roten Beeren schmückt, eignet sie sich hervorragend als Symbol für die Wiedergeburt. Der dornige Busch war unter den frühen Europäern ein beliebter Schutz vor dem Bösen, und oft brachten sie Stechpalmenzweige in ihren Häusern an, um negative Einflüsse und schlechtes Wetter abzuwenden. Die Engländer dagegen haben ihre eigene Stechpalmentradition: Da die Pflanzen mit den dornigen Blättern als männlich und die mit den weichen als weiblich gelten, entschied die Form der Stechpalme, die während der Feiertage zuerst ins Haus gebracht wurde, darüber, welches Geschlecht im nächsten Jahr Oberhaupt des Hauses werden sollte.

Strümpfe:

Obwohl uns Strümpfe heute wie ein normaler Bestandteil der Weihnachtsdekoration erscheinen, war dem nicht von Anfang an so: Die Legende besagt, daß drei junge Damen mit geringen Mitteln sich schreckliche Sorgen machten, weil ihnen ein Leben als alte Jungfern drohte, denn sie hatten keine Mitgift, und damals bedeutete keine Mitgift zu haben, nicht geheiratet zu werden. Irgendwie erhielt der heilige Nikolaus Kunde von ihrer Besorgnis. Zwei Nächte lang schob er Beutel mit Gold durch ihre Fenster. In der dritten Nacht aber waren alle Fenster und Türen verschlossen. Er ließ sich nicht abschrecken, stieg durch den Kamin in das Haus ein und füllte die Strümpfe, die die drei Frauen am Herd zum Trocknen aufgehängt hatten. Diese Legende erzählt vom ersten Mal, als der heilige Nikolaus als die weihnachtsmannähnliche Figur auftritt, als die wir ihn heute kennen.

Vogeljulbaum:

Der Vogelbaum besteht aus einer Weizengarbe, Maiskolben, Ähren oder anderem Korn, die im Freien an einem Pfahl oder Zaunpfosten befestigt werden. Traditionell wird der Baum am Weihnachtsabend angebracht, so daß die Vögel sich am Weihnachtstag daran erfreuen können. Obwohl dieses skandinavische Symbol in erster Linie mit Weihnachten verbunden und für christlich gehalten wird, ist sein Ursprung heidnisch. Die zugrundeliegende Idee besteht darin, seine Freude mit der Welt der Tiere zu teilen und sie damit zu einem Teil des Festes zu machen.

Wassail (dtsch.: Würzbier):

Der Ausdruck »Wassail«, der ursprünglich ein Fruchtbarkeitsritual der Apfelbauern bezeichnete, stammt von den Angelsachsen und bedeutet »Gruß« oder auch »Segen«. Bei dem eigentlichen Ritual wurden Bäume gesegnet und mit einer Mischung aus Ei und Äpfeln, denen Wein, Bier oder Apfelmost hinzugefügt wurde, bespritzt. Diese Weihung sollte die Apfelernte für das nächste Jahr steigern.

Weihnachtsbläser:

Obwohl diese lärmige Tradition ursprünglich ein heidnisches Mittel war, um böse Geister zu verjagen, wird sie in den skandinavischen und germanischen Regionen Europas noch heute ausgeübt. Am Weihnachtsabend versammeln sich zu später Stunde Musiker in der örtlichen Kirche und spielen ein Weihnachtslied in jede der vier Himmelsrichtungen. Sie beenden ihr Spiel genau um zwölf Uhr nachts, wenn die Kirchenglocken geläutet werden, um die Ankunft der Weihnacht zu verkünden.

Weihnachtskarten:

Dieser Brauch wurde 1843 von einem Engländer namens Sir Henry Cole erfunden, der von dem Künstler J. C. Horsely eine Karte entwerfen und tausend Kopien drucken ließ. 1875 kam der Brauch dann in den USA auf, als Louis Prang in Roxbury, Massachusetts, einige Karten drucken ließ. Um sie populärer

zu machen, veranstaltete Prang Wettbewerbe um die schönsten Entwürfe. Dem Gewinner winkte ein Geldpreis, und die Tradition der Weihnachtskarten war geboren.

Weihnachtslieder:

Weihnachtslieder sollen während des vierten Jahrhunderts in der katholischen Kirche erfunden worden sein. Das religiöse Repertoire erweiterte sich vom Mittelalter an bis zur Renaissance. Der Inhalt dieser Lieder war religiös, bis irgendwann im neunzehnten Jahrhundert die europäischen Komponisten begannen, auch andere Feiertagssymbole und -bräuche in ihre Musik miteinfließen zu lassen.

Weihnachtsmann:

Obwohl er oft mit dem nordischen Sonnengott Kris Kringel assoziiert wird, sind die ersten Ursprünge der Figur des Weihnachtsmannes wohl doch eher in den Mythen um den germanischen Gott Odin, den Herrn der Winde, zu suchen. Dem Mythos nach war er ein Gott der Nacht, der auf seinem grauen achtbeinigen Pferd durch die stürmischsten Wolken fliegen, auftauchen und verschwinden konnte, wie es ihm beliebte, und es hieß, daß er alle Magie, auch ihre verbotenen Geheimnisse, auf einer Handfläche trug. Dieser Ursprung würde erklären, weshalb der Weihnachtsmann am Himmel fliegt, nie gesehen wird, weiß, wer brav war und wer nicht, und einen Sack voller Spielsachen hat, der immer voll ist.

Zuckerstangen:

Minzblätter und -tee sind schon lange ein Teil der heidnischen Julfeste, da sie durch ihre gleichzeitige Kühle und Hitze sowohl den Winter als auch die Sonne symbolisieren. Die Zuckerstange wurde von einem amerikanischen Konditor erfunden, der ihre Form und Erscheinung nach christlichem Vorbild schuf: Er formte sie aus weißem Konfekt, um die unbefleckte Empfängnis zu symbolisieren, und gab ihnen die Form eines »J«, das Jesus repräsentieren sollte. Der rote Streifen sollte das Blut am Kreuz darstellen. Trotz der blutrünstigen Kreativität und religiösen Demut des Erfinders entwickelte sich die Zuckerstange zu einem allgemeinen Festtagssymbol und -geschenk bar jeden christlichen Inhalts.

Zwölf Weihnachtstage:

Der Brauch, ein zwölftägiges Winterfest abzuhalten, begann vermutlich mit dem altertümlichen ägyptischen Sonnenfest und wurde im babylonischen Zagmuk-Fest weitergeführt. Heutige Historiker weisen auch darauf hin, daß das zwölftägige Fest ursprünglich möglicherweise abgehalten wurde, um den Tierkreis zu ehren. Wie dem auch sei, die Kirche erfand den Zwölf-

Tage-Brauch neu, als die Feiertage christianisiert wurden. Die zwölf Tage fanden nun nicht mehr um die Sonnwende herum statt, sondern begannen am 25. Dezember, dem neuen Geburtstag des Christkindes, und dauerten bis zum Dreikönigsfest am 6. Januar an, an dem die Heiligen Drei Könige mit ihren Geschenken Bethlehem erreichten. Während des Mittelalters wurde der Austausch von Geschenken an jedem Tag des Festes Tradition. Dieser Brauch war die Grundlage für das bekannte Weihnachtslied »The Twelve Days of Christmas« (dtsch.: »Die zwölf Weihnachtstage«).

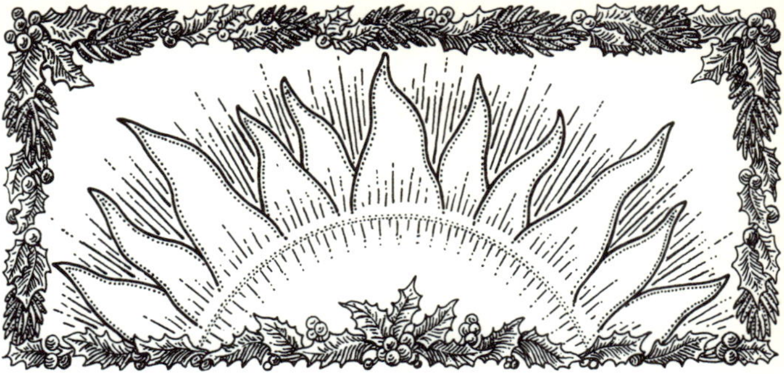

3

Lichterfeste auf der ganzen Welt

Seit vor viertausend Jahren das erste Wintersonnwendfest gefeiert wurde, hat sich viel verändert. Es hat sich weiterentwickelt, wurde wiedererfunden und neu benannt, man modernisierte und personalisierte es, neue Bräuche wurden hinzugefügt, und es verbreitete sich auf der ganzen Welt. Aber eines ist gleich geblieben: Wie man es auch betrachtet, die Winterfeiertage sind noch immer eine Zeit des Gleichgewichtes zwischen Licht und Dunkel. Noch heute dient jedes dieser Feste auf seine ganz besondere Weise der Verabschiedung der Dunkelheit und heißt das Licht willkommen – das Licht, das unsere Seelen wärmt, unsere Körper verjüngt und uns unseren Lebensweg erleuchtet.

Hanukkah

Dieses jüdische Fest, dessen Name »Lichterfest« bedeutet, findet im Dezember statt, wobei das genaue Datum variiert. Es dauert acht Tage und gedenkt des Sieges über die Syrer, die die Ausübung der jüdischen Gebetspraxis untersagten. Daher ist Hanukkah ein Fest der religiösen Freiheit.

Was hat das mit Lichtern zu tun? Es heißt, daß nach der Vernichtung des heiligen Tempels durch die Syrer eine Gruppe von Kämpfern für die Religionsfreiheit, die sich Makkabäer nannten, beschlossen, daß sie genug hatten. Sie nahmen sich die Syrer vor, überwältigten sie und stürmten die Tempelruinen, um sie erneut zu weihen. Es war nur noch ein Tropfen Öl übrig, um das Licht der Menorah (der Lampe des Rabbis) zu entzünden. Doch die Lampe brannte für volle acht Tage, die Zeit, die es dauerte, bis eine neue Öllieferung eintraf.

Noch heute steht beim Hanukkah-Fest ein achtarmiger Kerzenleuchter, der sich Menorah nennt, im Zentrum der Aktivitäten. Jeden Abend bei Sonnenuntergang wird eine der Kerzen entzündet. Die Teilnehmer spielen Spiele, singen Lieder, tauschen Geschenke aus und essen traditionelle jüdische Speisen wie Latkes (Kartoffelpfannkuchen) und Sufganiyot (eine Art Krapfen). Wegen der Bedeutung, die Öl für das Fest hat, sind fritierte Speisen ein beliebtes Festmahl.

Jul
(Wintersonnwende)

Die Wintersonnwende, auch Jul genannt, was aus dem Skandinavischen stammt, findet am ersten Tag des Winters, dem kürzesten Tag des Jahres, statt. Einer der zentralen Inhalte dieses Festes geht auf die Kelten zurück: Der Kampf zwischen dem alternden Eichenkönig, der für die Dunkelheit des alten Jahres steht, und dem jungen Eichenkönig, der das Licht des neuen Jahres symbolisiert. Manchmal wird der Kampf bei den Festivitäten nachgestellt, öfter aber wird die Geschichte einfach nacherzählt, während der Julscheit entzündet wird, um die Sonne willkommen zu heißen, ihr zu einer leichten Geburt zu verhelfen und sie zu bitten, ihre warmen, heilenden Strahlen wieder auf die Körper, Herzen und Seelen scheinen zu lassen. Obwohl die Sonnwendbräuche sich auf der ganzen Welt unterscheiden, beinhalten sie alle Licht und Feuer.

Im Iran beispielsweise findet ein Sonnwendfest namens Yalda bzw. Sada statt, bei dem Nachtwache an Feuern gehalten wird, die am Meeresufer entzündet werden, um die Sonne in ihrem Kampf gegen ihr alter ego, die Dunkelheit, zu unterstützen. Einige germanische Völker entzünden in dieser Nacht noch immer ein Feuer, um Bertha (manchmal auch »Hertha« genannt) zu ehren, eine Sonnengöttin, die die Patronin von Heim und Herd ist.

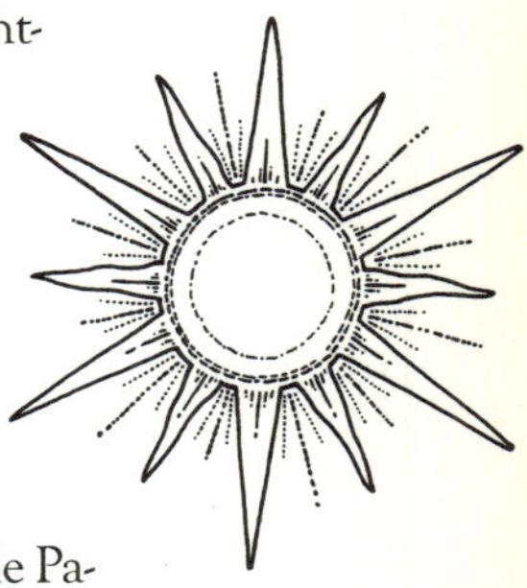

Für weitere Wintersonnwendtraditionen lesen Sie bitte den Abschnitt »Festtagsbräuche auf der ganzen Welt«.

Kwanzaa

Dieses afro-amerikanische Lichterfest, das 1966 gegründet wurde und an wechselnden Daten im Dezember gefeiert wird, ist ein relativ neues Mitglied im Reigen der Winterfeste. Kwanzaa wird acht Tage lang gefeiert, wobei jeder der ersten sieben Tage im Zeichen eines unterschiedlichen Prinzips positiver Lebensführung steht. Diese Prinzipien sind Einheit, Selbstbestimmung, Gemeinschaftsarbeit und Verantwortungsbewußtsein, wirtschaftliche Zusammenarbeit, Zielbewußtsein, Kreativität und Glaube.

Beim Kwanzaa-Fest wird die Kinara, ein achtarmiger Kerzenhalter, verwendet, die den Mutterboden symbolisiert, dem alle Afrikaner entstammen. Jeden Tag wird eine Kerze angezündet, die das Prinzip des Tages symbolisiert. Am achten Tag wird ein großes Festessen veranstaltet, bei dem viele Kerzen entzündet werden und der Vorfahren gedacht wird.

Weihnachten
(25. Dezember)

Weihnachten war ursprünglich als ein religiöser Feiertag gedacht, der sich mit den heidnischen Ritualen zur Begrüßung der Sonne vermischen und der Geburt des Christkindes gedenken sollte. Deshalb wurde dieses Fest absichtlich mitten in der Zeit gefeiert, in der auch die Wintersonnwende zelebriert wurde. Abgesehen davon, daß die Heilige Familie des Christentums Bestandteil dieser Feierlichkeit wurde, entspricht dieses Fest größtenteils noch seinen heidnischen Wurzeln. Die Traditionen unterscheiden sich von Land zu Land, aber in fast allen Kulturen tauchen Bäume, Schmuck, Festessen, Geschenke, Mitmenschlichkeit, eine Weihnachtsmannfigur und, natürlich, in irgendeiner Form Licht auf.

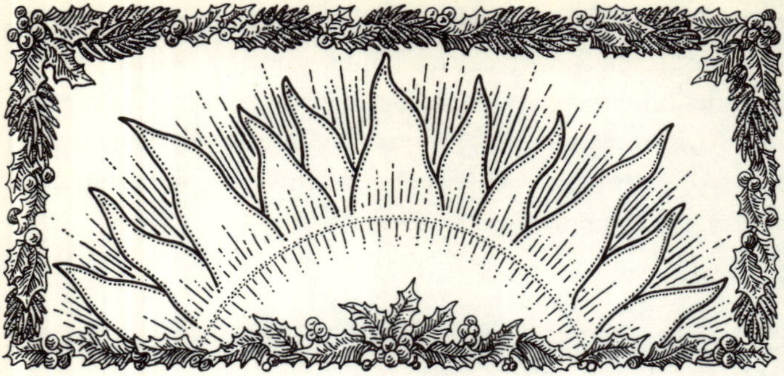

4

Festtagsbräuche auf der ganzen Welt

Fast jedes Land feiert Jul auf seine eigene Art. Bräuche, Rituale und Traditionen zeigen auf der ganzen Welt große Unterschiede, was die Winterfeiertage noch faszinierender macht. Lassen Sie uns herausfinden, wie einige Länder ihre Feste gestalten.

Argentinien

In Argentinien besucht nicht der Weihnachtsmann die Kinder. Statt dessen übernimmt Vater Weihnacht das Verteilen der Geschenke, aber es heißt, daß er nur Familien besucht, die sich ein wenig auf sein Kommen vorbereiten. Die Gutvorbereiteten schmücken ihre Häuser mit rot-weißen Girlanden und zieren ihre Haustürschwellen mit Paaren übergroßer Schuhe – Schuhen, die groß genug für Vater Weihnacht sind –, damit er sich zu Hause fühlt. Diejenigen, die wirklich sein Wohlwollen gewinnen möchten, gehen aber noch einen Schritt weiter: Sie stecken sein Bild auf die Spitze des Weihnachtsbaumes. Welcher Geschenkgeber könnte dem wohl widerstehen?

Australien

Da sich Australien mitten in der südlichen Hemisphäre befindet, verbringt man seine Winterferien dort nicht mit den Freuden in Schnee und Eis wie zum Beispiel Schlittenfahren. Dort ist Sommer, also tragen die Australier Kleidung, die dem Wetter angemessen ist: Shorts, T-Shirts und Badesachen. Auch der Weihnachtsmann hat sich den sommerlichen Temperaturen angepaßt und kommt auf dem Surfbrett oder dem Dingy daher. Obwohl das übliche Weihnachtsmahl durch ein Picknick ersetzt wird und man seine Zeit am Strand statt mit Schlechtwetterbeschäftigungen verbringt, hegt man starke festliche Gefühle: Bäume werden geschmückt, und die Häuser werden mit blühenden Pflanzen, die Weihnachtsbüsche genannt werden, dekoriert. Jedes Jahr findet am Weihnachtsabend in Melbourne ein Programm statt, das »Carols by Candlelight«

(dtsch.: Weihnachtslieder bei Kerzenlicht) heißt. In der Morgendämmerung versammeln sich buchstäblich Tausende von Menschen, um ihre Kerzen zu entzünden und ihre Stimmen im Einklang zu erheben.

China

Da China vorwiegend heidnisch ist, feiert nur ein kleiner Teil der Bevölkerung Weihnachten. Ihr Schmuck besteht hauptsächlich aus Papier, ihre Häuser und Weihnachtsbäume (die sich »Lichterbäume« nennen) werden also mit Papierlaternen, -ketten und -blumen geschmückt. Kinder hängen Baumwollstrümpfe auf, in der Hoffnung, daß Dun Che Lao Ren, der alte Mann der Weihnacht, vorbeischauen und sie mit Geschenken und Süßigkeiten füllen wird.

Das wichtigste Winterfest wird aber in der Form des chinesischen Neujahrsfestes Ende Januar gefeiert. Dieses Fest findet zu Ehren der Vorfahren statt, und hier finden sich die meisten Bräuche, die wir mit den Winterfeiertagen verbinden, wie Geschenke, üppige Gelage, Lichter und Feuerwerke wieder.

Dänemark

In Dänemark wird das wichtigste Festtagsessen um Mitternacht am Weihnachtsabend abgehalten, und dabei freuen sich alle auf den Nachtisch, denn es wird Reispudding serviert, der mit einer einzigen Mandel versehen ist. Wer diese Mandel erwischt, soll im nächsten Jahr angeblich außergewöhnlich viel

Glück haben. Die Kinder stellen Reispudding oder Milch für den Julemanden, den Weihnachtsmann, und die Juul Nisse, Wichtel, die auf den Dachböden ihrer Häuser wohnen, vor die Tür: Schließlich sind Julemanden und die Juul Nisse zu dieser Zeit sehr beschäftigt, und brave Kinder wollen sichergehen, daß sie genug zu essen bekommen, damit sie ihren anstrengenden Feiertagsverpflichtungen auch angemessen nachkommen können!

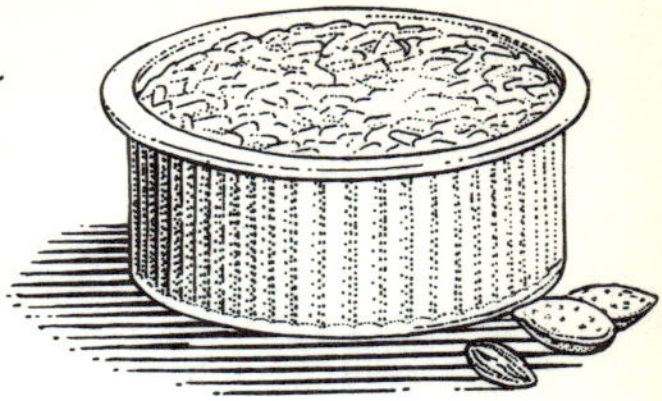

Griechenland

In Griechenland kann man noch immer viele alte Winterbräuche beobachten, vor allem wenn es darum geht, sich vor den Killantzaroi zu schützen. Zum Beispiel läßt man dort noch immer für mehrere Tage ununterbrochen das Herdfeuer brennen. Der einzige Unterschied zu alten Zeiten besteht darin, daß der Zeitraum nun am Weihnachtstag beginnt und am 6. Januar endet. Eine weitere Schutzmaßnahme besteht darin, frischen Basilikum an einem hölzernen Kreuz zu befestigen, das dann in einer Schüssel mit Wasser aufbewahrt wird, mit dem täglich das Haus geweiht wird.

Einige Geschenke werden ausgetauscht, wenn der heilige Nikolaus, der Schutzpatron der Seefahrer, am Weihnachtstag erscheint. Aber die eigentliche Verteilung der Geschenke erfolgt am 1. Januar, dem St. Basilius-Tag, der eine Zeit der Erneuerung bedeutet. Alle Wasserbehälter werden geleert und zu Ehren von St. Basilius neu gefüllt. Das Austauschen von Geschenken an diesem Tag steht für die Erneuerung der Freundschaft, der Ehrerbietung und der zwischenmenschlichen Versöhnlichkeit.

Indien

Die indischen Moslems und Hindus feiern die Rückkehr des Lichtes, indem sie Öllampen auf ihre Hausdächer stellen. Um das Licht der Sonne zu ermuntern, werden die Häuser mit Pflanzen wie Bananen- und Mangoblättern und Blumen der Saison geschmückt. Diese sollen die Sonne daran erinnern, daß sie ein wichtiger Teil des Seins ist und daß ohne ihre Hilfe die ganze Natur zu Grunde gehen würde. Charakteristisch für diese Zeit sind der Austausch von Geschenken und ein Brauch, der sich »baksheesh« nennt und aus einer wohltätigen Spende an die Armen des Landes besteht.

Irak

Am Weihnachtsabend wird draußen ein Lagerfeuer aus Dornenbüschen entzündet. Alle singen, um das Feuer zum Brennen zu ermutigen, denn ein Feuer, das bis auf die Asche abbrennt, bedeutet Glück für das nächste Jahr. Wenn das Feuer ausgeht, dürfen sich alle nacheinander etwas wünschen und müssen dann drei Mal über die Asche springen.

Irland

Jeden Weihnachtsabend stellen die Iren eine Kerze ins Fenster, um Maria und Josef und allen anderen Reisenden, die zufällig vorbeikommen, den Weg zu leuchten. Sie stellen auch Brot und Milch auf den Tisch und lassen ihre Haustüren unversperrt, um denen eine Unterkunft zu bieten, die gerade eine brauchen.

Am meisten Spaß haben die Iren am St.-Stephans-Tag, dem 26. Dezember, wenn die Kinder den alten Brauch nachspielen, den Zaunkönig zu jagen. Mit einem Spielzeugzaunkönig an einem Stock gehen sie von Tür zu Tür, singen ein passendes Lied und bitten um Süßigkeiten.

Italien

Der Großteil der italienischen Winterbräuche und -feierlichkeiten fällt auf den 6. Januar, an dem die Kinder auf die Ankunft von La Bevana (die bei den Russen Babuschka heißt), der freundlichen alten Hexe mit der Laterne, warten. Der italienischen Legende nach hielten die Heiligen Drei Könige an ihrem Haus, um Nahrung und eine Unterkunft zu erbitten. Sie verweigerte ihnen beides und schloß die Tür. Wenig später aber fiel ihr auf, daß sie beleidigend und unhöflich gewesen war und änderte ihre Meinung, doch sie konnte die Heiligen Drei Könige nirgends mehr finden. Es heißt, daß sie seitdem um die ganze Welt wandert und nach dem Christkind sucht, und daß der immervolle Geschenkesack, den sie mit sich trägt und mit den italienischen Kindern teilt, das Geburtstagsgeschenk für das Christkind ist.

Mexiko

Las Posadas verursacht in den Städten des Landes eine Menge Aufregung. Fast einen Monat vor dem großen Tag werden Marktbuden aufgestellt und geschmückt, und Händler kommen von weit her, um ihre Waren zu verkaufen. Am 16. Dezember teilt sich die Stadtbevölkerung dann in zwei Gruppen auf, die Pilger und die Gastwirte, um ein Spiel aufzuführen, das bis zum Weihnachtstag andauert. Die Pilger prozessieren täglich durch die Stadt und stellen dabei die Reise der Heiligen Familie nach Bethlehem nach. Sie klopfen an jede Tür und bitten um Unterkunft, die die Gastwirte ihnen natürlich verweigern. In einem unbekannten Haus aber stehen eine Krippe und ein Altar. Wenn die Pilger dieses Haus erreichen, wird ihnen Eintritt gewährt und gemeinsam sagen sie ein Gebet auf. Danach beginnt ein riesiges Fest mit Tanz und Festgelage, und, wie bei den meisten mexikanischen Festen, piñatas (Gefäße voller Süßigkeiten) für die Kinder.

Niederlande

Sinterklaas, die holländische Variante des Weihnachtsmannes, fliegt nicht in einem rentiergezogenen Schlitten über den Himmel, sondern trifft mit seinem Diener, dem Schwarzen Peter, am letzten Samstag im November in Amsterdam ein, und zwar auf einem Dampfschiff! Sie marschieren durch die Stadt und beziehen Quartier in einem örtlichen Hotel. Alle Kinder, adelige und gewöhnliche, böse und brave, müssen vor Sinterklaas Rechenschaft über ihr Verhalten im letzten Jahr ablegen. Die Geschenke werden dann am 5. Dezember, dem Abend des St.-Nikolaus-Tages, verteilt.

Norwegen

In Norwegen schließen die Geschäfte am Weihnachtsabend pünktlich um 4 Uhr nachmittags, damit die Stadtbevölkerung Zeit hat, aufzuräumen und neue Kleider anzuziehen, bevor der Sonnenuntergang die Feiertage einläutet. Traditioneller Reispudding mit einer einzelnen Mandel (ein Symbol für Glück) wird aufgetischt, aber die erste Schüssel landet im Stall, damit der Stallelf auch weiterhin über die Tiere in seiner Obhut wacht. Nach dem Essen wird der Julscheit angezündet, um die Ankunft des Julesvenn, der nicht nur die Geschenke bringt, sondern auch glückbringende Gerstengarben im ganzen Haus verteilt, vorzubereiten. Aber der wirkliche Freudentag für die Kinder ist der 26. Dezember. Dann ziehen sie Kostüme an und spielen das Spiel Julebukk, bei dem sie von Tür zu Tür gehen und um Süßigkeiten bitten.

Pakistan

Die Pakistani kennen die Wintersonnwende unter dem Namen Chaomos. Es ist eine Zeit der Reinigung, zu der ein Bote ihrer höchsten Gottheit Dezao herabsteigt, um die Gebete des

Volkes zu sammeln. Jeder wird für die Ankunft des Lichts durch ein rituelles Bad symbolisch gereinigt, und dann versammeln sich alle Jungen und Männer, um einer weiteren Form der Reinigung unterzogen zu werden, indem sie mit Ziegenblut bespritzt werden. Danach wird ein großes Lagerfeuer entzündet, um die Abreise des Boten und die schnelle Segnung des Volkes durch Dezao zu unterstützen.

Rumänien

Ein interessantes rumänisches winterliches Fruchtbarkeitsritual wird unter Zuhilfenahme einer süßen, gekneteten Teigware namens »Turta« ausgeführt. Die Herrin des Hauses unterbricht das Kneten des Teiges, wenn sie halb fertig ist, und folgt ihrem Mann nach draußen zum Obstgarten. Da die Bäume Winterschlaf halten, droht er, sie zu fällen. Sie bittet, daß sie verschont werden, indem sie etwas sagt wie: »O nein, ich bin sicher, daß diese Bäume im Frühling so reich an Früchten sein werden wie meine Hände heute an Teig!« Die Bäume überleben, die Turta wird gebacken, und an jedes Familienmitglied wird Gebäck verteilt und zu Ehren der Bäume und des Lichts, das sie zum Wachsen bringt, gegessen.

Schottland

Außer dem traditionellen Herdfeuer am Weihnachtsabend, das angezündet wird, damit keine Kobolde durch den Kamin kommen und Unheil stiften können, findet der Großteil des Festtagstrubels an Hogmanay, dem 1. Januar, statt. Das ist der Tag des »first-footing« (dtsch.: etwa »Erstbetreten«). Die Schotten glauben, daß die erste Person, die an Neujahr das Haus betritt, ihr zukünftiges Glück stark beeinflußt, und daß ein Fremder das größte Glück überhaupt bringt. Aus diesem Grund heuern die meisten Schotten einen Fremden an, der an Hogmanay durch ihr Haus laufen soll. Nach diesem Ritual wird gespeist, gesungen, getanzt, und Spiele werden gespielt.

Schweden

Niemand weiß genau weshalb, aber irgendwann um das zehnte Jahrhundert verkündete ein schwedischer König, daß die Winterfeiertage von nun an am 13. Dezember, dem Fest der heiligen Lucia beginnen, und bis zum 13. Januar andauern sollten. Diese Feiertage nennen sich Luciadagen. Vom St.-Lucia-Tag an kleidet sich die älteste Tochter der Familie morgens in ein weißes Kleid mit einer roten Schärpe und stellt einen Kranz aus Kerzen auf ihren Kopf, der das sich ausbreitende Licht symbolisiert. Sie bringt dann ein Frühstückstablett mit heißen Heferollen mit Safran und Kaffee in das Schlafzimmer ihrer Eltern, wobei ihr ihre Brüder und Schwestern in einer Kerzenlichtprozession folgen.

Syrien

Während die meisten Kinder auf einen Besuch des Weihnachtsmannes oder eines seiner Stammesgenossen hoffen, würden syrische Kinder viel lieber ein Kamel sehen. Weshalb? Weil es den Sack mit ihren Geschenken bringt. Diese Tradition erwuchs aus einer alten Legende um die Heiligen Drei Könige, die nach Bethlehem reisten. Mit von der Partie war ein kleines Kamel, das sie begleitete. Es war nicht so stark wie die anderen und hatte Schwierigkeiten mitzuhalten. Es wurde müde, schwach und krank, aber es wollte das Christkind so gerne sehen, daß es weiterlief. Als es Bethlehem erreichte, war es beinahe tot. Der Legende nach hatte seine Entschlossenheit das Christkind aber so erfreut, daß es dem Kamel das Geschenk der Unsterblichkeit verlieh. Jetzt kehrt es Jahr für Jahr zurück, beladen mit Geschenken für die braven syrischen Mädchen und Jungen.

Tschechoslowakei

Laut meiner tschechoslowakischen Großmutter standen in dem Hause ihrer Kindheit zu Weihnachten immer die Tiere im Vordergrund. Dieser Brauch erwuchs aus dem alten Glauben, daß die Krippentiere die freigiebigsten unter den Geschöpfen waren, die der Geburt des Christkindes beiwohnten. Sie waren in der Tat so aufopfernd, daß sie mit magischen Fähigkeiten beschenkt wurden, die sich jeden Weihnachtsabend zeigen. In der Tschechoslowakei ist es noch immer Brauch, Tiere in dieser Nacht besonders gut zu füttern und ihnen eine Extraportion zärtlicher Fürsorge zukommen zu lassen. Manchmal dürfen sogar Nutztiere im Haus bleiben.

Venezuela

In Venezuela ist es Brauch, vom 16. bis zum 24. Dezember jeden Morgen bei Tagesanbruch den Gottesdienst zu besuchen. Dieser Brauch hat aber einen Haken: Das traditionelle Verkehrsmittel bei diesen feiertäglichen Ausflügen sind weder Auto noch Lastwagen, und auch keine Laufschuhe. Es sind Rollschuhe! Um das Ganze etwas aufzumischen, wird ein Spiel gespielt: Zur Schlafenszeit binden die Kinder einen langen Faden an ihre großen Zehen und hängen das lose Ende aus dem Fenster. Am nächsten Morgen dürfen die Rollschuhfahrer an allen Fäden ziehen, die noch aus den Fenstern hängen, wenn sie zur Kirche fahren.

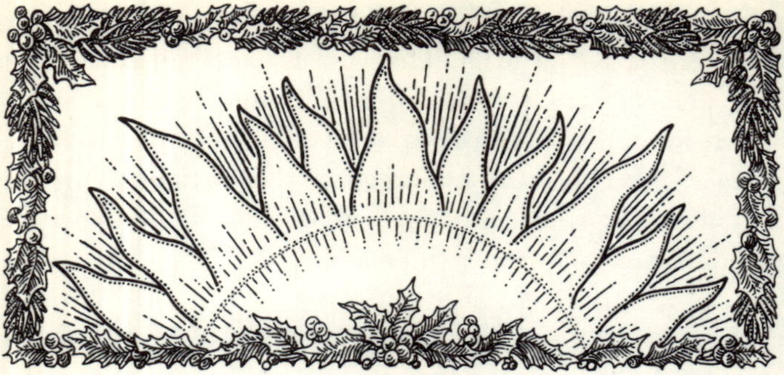

5

Vorzeichen, Aberglaube und magisches Allerlei

Wie auch bei jedem anderen wichtigen Ereignis tummeln sich Aberglaube, Vorzeichen und Prophezeiungen um die Winterfeiertage wie die Motten um das Licht. Einige davon, die mir besonders gut gefallen, finden Sie hier. Sollten Sie sich noch für weitere interessieren, sind das Internet und Ihre örtliche Bücherei ergiebige Quellen.

Tiere

– Der Legende nach können Tiere am Weihnachtsabend sprechen. Hören Sie ihnen aber bloß nicht zu – dieselbe Legende besagt, daß es Unglück bringt, ihnen zu lauschen.

- Einige Viehzüchter glauben, daß, wenn die erste Person, die am Weihnachtsabend über die Türschwelle schreitet, weiblich ist, auf dieser Farm im nächsten Jahr nur weibliche Kälber geboren werden. Ist der »Erstbegeher« aber ein Mann, werden nur männliche Kälber geboren.

- Einen Mistelzweig an die erste Kuh zu verfüttern, die im neuen Jahr ein Kalb zur Welt bringt, sichert die zukünftige Fruchtbarkeit sowohl der Kuh als auch des Kalbes.
- In einigen Teilen Englands glaubt man, daß man den Teufel für die nächsten zwölf Monate von Haus, Hof und Bewohnern fernhalten kann, wenn man am Weihnachtsmorgen den Kühen vor der Mittagszeit Efeublätter verfüttert, ehe man sie melkt.
- Wenn die Sterne am Weihnachtsabend hell leuchten, werden die Hennen im nächsten Jahr viele Eier legen.

Ungeheuer, Trolle, Kobolde und andere zwielichtige Gesellen

- In Griechenland ist es Brauch, alle alten Schuhe zu verbrennen, um Unglück im nächsten Jahr abzuwenden. Dieser Brauch ist vermutlich ein Überbleibsel der alten griechischen Familienlagerfeuer, mit denen die Kallikantzaroi verjagt werden sollten.
- In Schweden glaubt man, daß vom Sonnenuntergang am

Weihnachtsabend bis zum Sonnenaufgang am Weihnachtstag Trolle frei im Land umherstreifen. Aus diesem Grund bleiben die Schweden zu dieser Zeit im Haus.

– In Griechenland und in Polen wird es als Unglück angesehen, am Weihnachtsabend oder Weihnachtstag geboren zu werden. Es heißt, die umherstreunenden Ungeheuer (Kallikantzaroi in Griechenland und Werwölfe in Polen) können die Seele des Neugeborenen leicht fangen und zu ihren Zwecken verwenden.

– Geister weigern sich, am Weihnachtstag herauszukommen. Deshalb heißt es, daß Kinder, die an diesem Tag geboren werden, niemals Probleme mit ihnen haben werden.

Nahrungsmittel und Eßbares

– Wenn Sie sich an Weihnachten weigern, Mincemeat Pie (siehe Kapitel 16) zu essen, werden Sie im folgenden Jahr kein Glück haben.

– Wenn Ihnen Ihre Freunde wichtig sind, müssen Sie während der Feiertage Plumpudding essen, sonst werden Sie vor dem nächsten Weihnachtsfest einen Freund verlieren.

– Um Ihre Gesundheit zu erhalten, essen Sie am Weihnachtsabend um Mitternacht einen Apfel.

– Nachdem Sie am Weihnachtsabend zu abend gegessen haben, lassen Sie eine Scheibe Brot auf dem Tisch. Das garantiert, daß im nächsten Jahr in Ihrem Haus immer genug Brot zur Verfügung steht.

- Um im nächsten Jahr Glück zu haben, müssen Weihnachtskuchen bis zum 24. Dezember unangeschnitten bleiben, und ein Stück davon muß bis nach Weihnachten übrigbleiben.
- In Deutschland ist es üblich, zur Wintersonnwende viele fettige Pfannkuchen zu essen und einige auf dem Tisch zu lassen, um die Winterhag zu füttern. Und wenn man sie vergißt? Der Sage nach beleidigt der Anblick die Hag und erbost sie so sehr, daß sie Sie jagt, zu Boden wirft, Ihren Bauch öffnet und die Pfannkuchen herausholt. Und warum all das Fett? Auch dafür gibt es einen Grund: Es soll den Bauch so glitschig machen, daß das Messer der Hag davon abgleitet, und egal, wie sehr sie sich auch bemüht, sie kann Ihnen keinen Schaden zufügen und die Pfannkuchen nicht stehlen!

Geschenke

- Wenn Sie vorhaben, Kleidung zu verschenken, achten Sie darauf, sie vorher nicht zu waschen oder zu bügeln. Hält man sich nicht daran, wäscht man das Glück fort und bügelt Unglück hinein.

Heim und Herd

- Um sich von bösen Geistern zu befreien, gehen Sie sicher, daß die ganze Weihnachtszeit hindurch alle Feuer im Haus ununterbrochen brennen.

- Um Harmonie ins Haus zu bringen, stellen manche skandinavischen Familien am Weihnachtsabend ihre Schuhe nebeneinander auf.
- Wenn Sie Löcher in Ihren Socken haben, hängen Sie sie am Weihnachtsabend an den Herd, bevor Sie zu Bett gehen. Es heißt, daß St. Nikolaus sie repariert, wenn er die Geschenke bringt.
- Um das Ausmaß Ihres Glückes im kommenden Jahr zu bestimmen, stellen Sie zwei Wochen vor Weihnachten einen Kirschenzweig in Wasser. Wenn der Zweig am Weihnachtstag Blüten treibt, wird Ihr Glück groß sein.

- Wenn Sie ein Loch im Dach haben, warten Sie mit der Reparatur bis zum ersten Januar. Es heißt, daß das Loch wiederkommen wird, wenn Sie auch nur versuchen, es zwischen Weihnachten und Neujahr zu reparieren.
- Es bringt Unglück, vor dem Weihnachtstag Stechpalme mit ins Haus zu bringen. Auch wenn Sie sie vor dem 6. Januar entfernen, bricht Unglück über Sie herein.
- Sobald Mistelzweige im Haus hängen, müssen sie ein Jahr dort bleiben, um Glück zu bringen. Wenn sie ersetzt werden, sollten die alten verbrannt werden.
- Werfen Sie niemals Dekorationen weg, die aus Immergrün angefertigt sind. Sie müssen verbrannt werden, um Glück zu bringen (mit Ausnahme der Stechpalme).
- Ein alter deutscher Brauch besagt, daß vom fünften Tag vor bis zum sechsten Tag nach der Wintersonnwende keine Gegenstände, an denen sich Räder befinden, insbesondere

keine Spinnräder, verwendet werden dürfen. Angeblich beleidigen solche Aktivitäten die Sonne, die zu dieser Zeit des Jahres so wirkt, als hinge sie bewegungslos am Himmel. Wenn jemand in dieser Zeit dennoch ein Spinnrad benutzt, heißt es, daß die Sonne so zornig wird, daß Sie die Wolle und die Fasern so sehr verwirren, daß sie nicht mehr verwendet werden können.

Hochzeitsomen

- In Deutschland spielen die Mädchen ein beliebtes Feiertagsspiel, in dem sie einen Kreis um eine Gans mit verbundenen Augen bilden. Man glaubt, daß das Mädchen, das als erstes von der Gans berührt wird, vor den anderen Spielteilnehmerinnen heiraten wird.
- In England ist es üblich, daß unverheiratete Mädchen am Weihnachtsabend an die Tür des Hühnerhauses klopfen. Wenn als Antwort ein Hahn kräht, wird das Mädchen innerhalb von zwölf Monaten heiraten.
- In Polen glaubt man, daß eine unverheiratete Frau eine schnelle Hochzeit herbeiführen kann, indem sie am Weihnachtsabend Mohnsamen zermahlt.
- Wollen Sie Ihren zukünftigen Liebhaber sehen? Werfen Sie am Weihnachtsabend einfach zwölf Salbeiblätter in den Wind, dann wird Ihnen sein Bild erscheinen.
- In Nordeuropa stellen manche unverheirateten Mädchen drei Wassereimer in ihrem Schlafzimmer auf und stecken drei Stechpalmenzweige an ihren Nachthemden fest, bevor sie zu Bett gehen. Man glaubt, sie würden von drei lauten

Rufen und drei lauten Lachern geweckt, wonach ihnen ihre zukünftigen Ehemänner erscheinen würden. Stehen die Eimer anders als zuvor, wird es einen Heiratsantrag ohne weitere Probleme geben, wenn nicht, wird der zukünftige Ehemann möglicherweise nicht willens sein.

Wetter

– Die Sommerernte wird üppig ausfallen, wenn der Nachthimmel am Weihnachtsabend klar und sternenreich ist.

– Das Wetter an den zwölf Weihnachtstagen sagt das Wetter für die zwölf Kalendermonate des kommenden Jahres voraus. Wenn der erste Weihnachtstag beispielsweise bitterkalt ist, dann wird das Wetter im Januar ebenso sein.

– Wenn an Weihnachten kein Schnee fällt, wird das folgende Osterfest kalt.

– Ein windiges Weihnachten bringt Glück für das kommende Jahr.

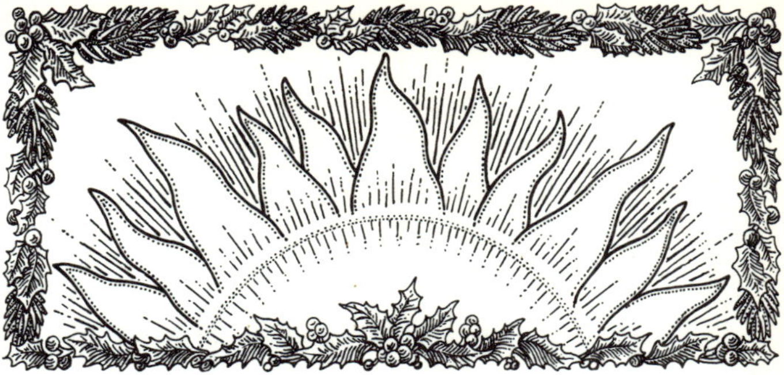

6

Wissenswertes und Unterhaltsames zur Weihnachtszeit

Sie denken also, nun wissen Sie alles, was es über Weihnachten zu wissen gibt? Die Geschichte und Ursprünge und wie einige Traditionen und Bräuche entstanden sind? Testen Sie Ihr Wissen, indem Sie diese amüsanten Tatsachen lesen – sie könnten Sie erstaunen!

– Heutige Astronomen behaupten, daß der berühmte Stern von Bethlehem gar kein Stern war. Höchstwahrscheinlich war er entweder ein Komet oder ein astronomisches Phänomen, das dadurch entstand, daß mehrere Planeten sich voreinander schoben.
– Historischen Aufzeichnungen zufolge fand das erste amerikanische Weihnachtsfest 1607 in Jamestown statt. Das Fest sollte die vierzig Siedler aufheitern, die in der neuen Welt

überlebt hatten (ursprünglich waren sie einhundert gewesen).

- Da das britische Parlament befand, daß Weihnachten ein heidnisches Fest sei, schaffte es 1643 offiziell alle derartigen Feste ab.
- Historische Aufzeichnungen von 1836 belegen, daß Alabama der erste amerikanische Bundesstaat war, der Weihnachten zu einem offiziellen Feiertag erklärte. Oklahoma war der letzte Staat, der sich anschloß. Dort wurde Weihnachten erst 1907 zum offiziellen Feiertag erklärt.
- Die erste Weihnachtsbriefmarke wurde 1937 in Österreich herausgegeben.
- Der ursprüngliche Name des Rentiers, das half, den Schlitten des Weihnachtsmannes am Weihnachtsabend zu ziehen, lautete Donder, was »Donner« bedeutet. Er lief in einem Geschirr neben Blitzen, was »Blitz« bedeutet.

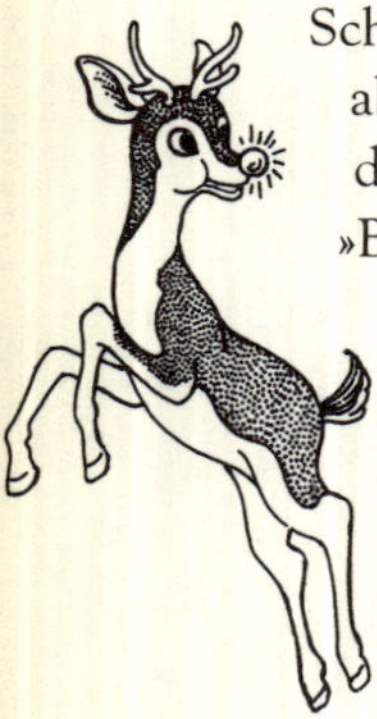

- Die Geschichte von Rudolph, dem Rentier mit der roten Nase, wurde 1939 von einem der Angestellten der Montgomery Ward Company, Robert L. May, als Verkaufsbeilage geschrieben. Jeder Kunde, der während der Feiertage dort einkaufte, erhielt das kleine Büchlein kostenlos dazu.
- Der Werdegang der Zuckerstange begann in der Kirche, wo sie Kindern, die während des Gottesdienstes brav gewesen waren, als Belohnung gegeben wurde.
- Eggnog (eine Art Eierlikör) war nicht immer das cremige, reichhaltige Getränk, das wir heute kennen. Er wurde aus einer Biersorte aus dem siebzehnten Jahrhundert, die sich

»nog« nannte, entwickelt. Die Iren tranken es zu Weihnachten, weil in ihrem Land am Weihnachtstag alle Schänken geschlossen hatten.

- Lebkuchenhäuser wurden im neunzehnten Jahrhundert zu beliebten Weihnachtsgeschenken, nachdem die Gebrüder Grimm die Geschichte von Hänsel und Gretel veröffentlicht hatten.
- Das Singen von Weihnachtsliedern im Gottesdienst wurde vom heiligen Franz von Assisi eingeführt.
- Das erste amerikanische Weihnachtslied, ein Lied mit dem Namen »Jesus is Born« (dtsch.: »Jesus ward geboren«), wurde 1649 von dem Geistlichen John de Brebeur geschrieben.
- 1914 stellten die Deutschen in der Weihnachtsnacht um Mitternacht das Gewehrfeuer plötzlich ein und sangen statt dessen Weihnachtslieder. Bei Tagesanbruch begannen sie dann, ihren Feinden »Fröhliche Weihnacht« zuzurufen. Schnell erklärten beide Seiten einen Waffenstillstand, schüttelten einander die Hände und tauschten Geschenke aus Nahrungsmitteln, Zigaretten und Alkohol aus. Die Fröhlichkeit und Mitmenschlichkeit dauerte drei Tage an.
- Irving Berlin schrieb den Weihnachtsschlager »I'm dreaming of a white Christmas« 1942 extra für den Film *Holiday Inn*, in dem Bing Crosby mitspielte.
- Zwei Jahre nach dem Ende des zweiten Weltkrieges sandte die Bevölkerung von Oslo einen Weihnachtsbaum nach Westminster, um sich für die britische Unterstützung zu bedanken. Diese Tradition besteht bis heute.
- Entlang des Ufers des Mississippi, besonders auf der Seite Louisianas, werden am Weihnachtsabend Lagerfeuer entzündet. Sie sollen Vater Weihnacht den Weg weisen.

– Das Bild des Weihnachtsmannes, das wir heute kennen, wurde von niemand anderem als der Coca Cola Company verbreitet.

– Der Brauch, daß der Weihnachtsmann am Weihnachtsabend Plätzchen ißt, entstand in Deutschland, wo die Bäume mit Früchten, Blumen und Süßigkeiten geschmückt wurden. Nachdem er die Geschenke für die braven Kinder unter dem Baum abgelegt hatte, mußte er selbst nur noch zugreifen.

– Der pelzgefütterte Mantel, die Mütze und der Umhang des Weihnachtsmannes wurden nach der Kleidung des holländischen St. Nikolaus entworfen, der eine Bischofsmitra und ein Bischofsgewand trug.

– Der heilige Nikolaus hat auch nach den Winterfeiertagen keine Freizeit: Da er auch der Schutzpatron Griechenlands, Rußlands, der Seeleute, Händler, Pfandleiher, Gefangenen, Kinder und Wölfe ist, ist er das ganze Jahr über ziemlich beschäftigt.

Teil 2

Vorbereitungen für die Weihnachtszeit

Julfeuer

Entzünde den Weihnachtsscheit und dann
Laß ihn brennen bis Sonnenuntergang.
Geht er aus, dann leg' ihn zur Seit'
Bis zur nächsten Weihnachtszeit.
Doch hebe auf ein kleines Stück,
Gib dem nächsten Scheit damit Feuer zurück
Und dort, wo man ihn sicher bewahrt,
Der Teufel sich nicht düster gebahrt.

UNBEKANNT

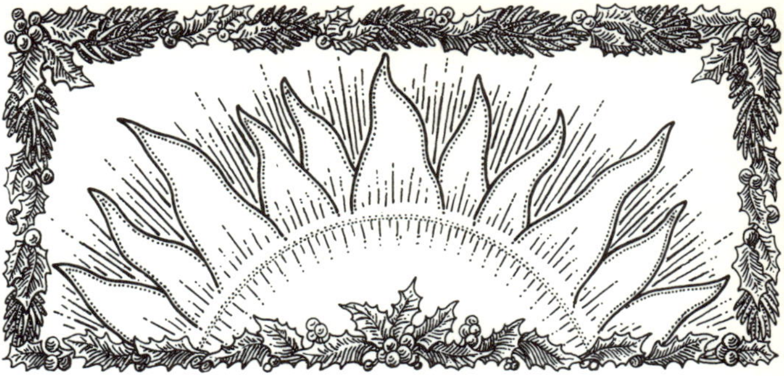

7

Platz schaffen für das Julfest

Wenn es um die Sorte Großreinemachen geht, zu der man am liebsten Meister Proper höchstpersönlich einladen würde, denken die meisten Leute an den Frühling, denn diese Jahreszeit verbinden wir mit persönlichem Wachstum, und sie weckt in uns das Bedürfnis, uns mit Sauberkeit zu umgeben. Ich persönlich bin da aber ein wenig anders. Ich reinige mein Haus gerne kurz vor dem Julfest gründlich, weil nichts, nicht einmal die Mandel im Pudding zu erwischen, ein so sicherer Garant für Erfolg im nächsten Jahr ist, wie den Schmutz, Staub und die negative Energie des alten Jahres loszuwerden. Und genau dieses Denken ist es, das zum Erfolg führt, denn wie soll man auch nur über ihn nachdenken können, wenn einem der Plunder von gestern den Kopf vernebelt?

Sicherlich, zur Wintersonnwende ist es meistens viel zu kalt, um die Fenster zu öffnen und das Haus zu lüften, aber trotzdem kann man sich um alles andere kümmern. Ich mache aus meinem »Erfolgsputzen« meistens ein kleines, informelles Ritual, das mich daran erinnern soll, daß das Putzen von Hand mehr ist als einfach nur das Entfernen von Schmutz: Es ist eine Möglichkeit, Platz zu schaffen für all das Glück und die anderen schönen Dinge, die nur darauf warten, in mein Leben zu treten.

Reinigungsritual

Für dieses Ritual braucht man keinen großen Hokuspokus, keine besonderen Räucherstäbchen und keine speziellen Kerzen. Tatsächlich ist in meinem Ritual so wenig festgelegt, daß es keine wirkliche Struktur hat. Deshalb habe ich unten einen groben Leitfaden zur Verfügung gestellt. Verwenden Sie ihn als Richtlinie und zögern Sie nicht, ihn so auszubauen, daß er zu Ihnen paßt. Sobald Sie ihre Putzmittel zusammengesucht und mit der Jagd auf den Schmutz begonnen haben, wird Ihr persönliches Ritual wie von selbst entstehen – so wie auch Ihr Erfolg im nachfolgenden Jahr.

– Beginnen Sie damit, Ihre persönliche Habe auszumisten. Wenn Sie sie nicht anziehen, essen oder sonstwie gebrauchen können, werfen Sie sie weg. Während Sie aussortieren, stellen Sie sich vor, daß verbrauchte Denkmuster, Annahmen und Gedanken, die Ihrem Erfolg im Wege standen, im Mülleimer landen.

- Legen Sie all Ihren häuslichen Krimskrams in einen Korb oder eine Kiste, bevor Sie mit dem Putzen beginnen. Stellen Sie alles zurück an seinen Platz, nachdem Sie fertig geschrubbt haben.
- Schnappen Sie sich den Besen und benutzen Sie ihn, um Decken und Wände von Schmutz und Spinnweben zu befreien. Während Sie fegen, singen Sie den folgenden Text zu der Melodie von »Mary had a little Lamb« (dtsch: »Mary hat ein kleines Lamm«):

Während ich fege und sing vor mich hin,
Alter Staub geh' fort.
Helligkeit mache sich breit hier drin,
dies wird ein sauberer Ort.

Fegen und singen Sie weiter, bis auch Regale, Fensterbretter und Böden sauber sind.

- Nehmen Sie die Vorhänge ab und stecken Sie sie in die Waschmaschine (außer sie müssen trocken gereinigt werden). Füllen Sie einen Eßlöffel Thymian in eine alte Socke, binden Sie sie zu und geben Sie sie in die Waschtrommel. Während die Vorhänge gewaschen werden, singen Sie etwas wie:

Spül davon das alte Leben,
Spül davon alle Mühen und Sorgen,
Füll die Lücke mit des Glückes Segen
Und bereite den Weg für ein glückliches Morgen.

- Geben Sie Ihre Trockenwäsche für einige Minuten mit einer »Thymiansocke« und einem feuchten Handtuch in den Trockner. Das wird allen Staub entfernen. Singen Sie erneut obigen Gesang und ersetzen Sie dabei das Wort »spülen« mit »pusten«.

– Reinigen Sie Rolläden mit einem alten Gartenhandschuh aus Stoff. Ziehen Sie ihn an, tauchen Sie die Finger in den unten beschriebenen Reiniger und wischen Sie die Jalousienstäbe ab.
– Machen Sie einen Aufguß aus Zitronenharz oder Zitronenverbena. Die Kräuter können, wenn nötig, auch durch den Saft und die Schale einer ganzen Zitrone ersetzt werden. Auf drei Tassen heißes Wasser kommt eine Tasse Kräuter. Lassen Sie das Ganze für zehn Minuten ziehen und seihen Sie es dann ab. Während der Sud zieht, singen Sie etwas wie:

Saures, frisches Zitronenkraut,
entferne alles, was den Erfolg verbaut.
Befreie alles, das ich mit Dir putz',
von negativer Energien Schmutz.

Vermischen Sie eine Tasse des Sudes mit Flüssigseife auf Ölbasis und verwenden Sie die Mischung, um damit zähen Schmutz von Regalen, Türen, Fensterbrettern und Holzteilen zu entfernen. Geben Sie eine weitere Tasse in Ihr Wischwasser für den Boden und schütten Sie den Rest in eine Sprühflasche mit Allzweckreiniger. Damit können Sie Wände, Oberflächen, Toiletten, Badewannen und Spülbecken reinigen.

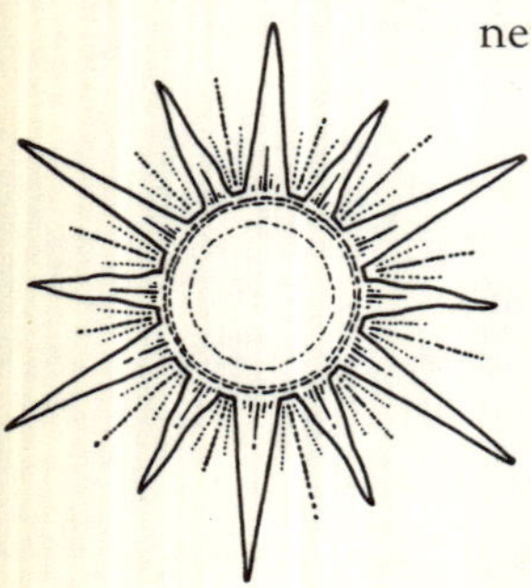

– Reinigen Sie die Spiegel in Ihrem Haus, mühen Sie sich dabei aber nicht mit Glasreiniger ab: Nehmen Sie statt dessen Reinigungsalkohol. Er entfernt Schmutz und Nikotin weit besser als Ammoniak und nichts kommt ihm gleich, was das Reinigen von negativen Energien betrifft. Während Sie den Alkohol auftragen, sagen Sie etwas wie:

Alkohol, entferne den alten Dreck.
Mit Erfolg segne lieber hier jeden Fleck.

Wischen Sie mit alter Zeitung nach.

– Nirgends verstecken sich negative Energien so gern wie in Vorlegern und Teppichen. Aus diesem Grund sollten Sie sie gründlich mit Sodapulver bestreuen, bevor Sie sie absaugen. Während Sie saugen, singen Sie etwas wie:

Negative Energien, macht Euch bereit,
Ich sauge euch auf, wo Ihr auch seid.
Verschwindet, ich nehm' Euch Euer Heim,
Von jetzt an sollt Ihr hier nicht mehr sein.

– Es kommt vor, daß sich negative Energien in Ihrem Haus ansiedeln. Sie wieder loszuwerden ist nicht so schwer, wie man meinen könnte: Alles was Sie dazu brauchen ist der richtige Köder. Legen Sie Zwiebelstücke in kleine Schüsseln, füllen Sie sie mit Apfelessig und stellen Sie eine Schüssel in jeden Raum. Während Sie sie aufstellen, singen Sie etwas wie:

Laßt Euren Kräften freien Lauf,
Saugt alles Negative auf,
Fangt, was versperrt dem Erfolg den Weg,
In Euch ich meine Hoffnung leg.

Wenn die Zwiebel braun wird, ist das ein sicheres Zeichen, daß sie die negative Kraft gebannt hat – Treffer! Spülen Sie den Inhalt in der Toilette hinunter oder schütten Sie ihn in ein Gewässer, wenn die Zwiebelstücke zu groß sind.

– Um die Portale zu Ihrem Haus (Abflüsse und Toiletten) zu versiegeln, schütten Sie in jedes den Saft einer halben Zitrone. Sagen Sie währenddessen etwas wie:

Dies Portal versiegle ich einwandfrei
so kommen keine schlechten Mächte herbei.
Sie können hier jetzt nicht mehr entlang,
mit diesem Saft verschließ ich den Zugang.

Schmeißen Sie die Schalen in den Mülleimer oder auf den Komposthaufen.

– Beugen Sie dem Vormarsch weiterer negativer Energien vor, indem Sie Ihr Haus mit einer Mischung aus Salbei und Kiefer einräuchern. Es macht nichts, wenn Sie kein Räucherwerk in dieser Kombination finden. Verbrennen Sie einfach etwas Salbei (Sie können hierzu ruhig Küchenkräuter verwenden) und Kiefernnadeln auf einem Holzkohleklotz und lassen Sie den Rauch durch alle Zimmer des Hauses ziehen. Singen Sie, während Sie durch die einzelnen Räume gehen, etwas wie:

Kiefer und Salbei, mit Euren Mächten
Schützt mich und die meinen vor allem Schlechten.
Laßt nur positive Energie zurück,
Seid meine Freunde: Bringt mir Glück.

– Damit das Haus frisch und sauber riecht, kochen Sie eine halbe Tasse Kiefern- oder Fichtennadeln für fünf Minuten in drei Tassen Wasser. Seihen Sie die Nadeln ab und füllen Sie den Sud in 4–5 Liter kaltes Wasser. Schütten Sie das Ganze in eine Sprühflasche und sprühen Sie jeden Raum im Haus damit ein.

Allgemeiner Erfolgszauber

Nun, da alles frisch und sauber ist, empfiehlt es sich, einen allgemeinen Erfolgszauber anzuwenden, damit die Magie des Erfolges das ganze Jahr hindurch wirken kann. Besonders gut funktioniert er übrigens, wenn Sie ihn innen über die Haustür hängen.

Erfolgszauber

Viereckiges gelbes Stück Stoff mit 15 cm Seitenlänge
1 Teelöffel getrocknete Kamille
1 Centstück
1 Teelöffel getrockneter Lavendel
1 Teelöffel getrockneter Basilikum
1 Mistelzweig
Etwas Haar oder Fingernagel von jedem Mitglied des Haushaltes
30 cm gelbes Geschenkband
Weiße Kerze
Weihrauchräucherwerk

Legen Sie das Stoffstück auf den Altar und zünden Sie das Räucherwerk und die Kerze an. Legen Sie das Centstück in die Mitte des Stoffes und den Mistelzweig darauf. Sagen Sie etwas wie:

Einen Cent für das Glück, daß das Geld sich vermehre
Mit der Kraft dieses Mistelzweigs, den ich ehre.

Legen Sie die Haare oder Fingernägel dazu. Stellen Sie sich bildlich jede Person, die in Ihrem Haus lebt, vor, während Sie deren Opfer darbringen, und malen Sie sich aus, wie sie erfolgreich ihre Ziele erreichen und ihre Träume verwirklichen. Sagen Sie bei jeder einzelnen Opfergabe, die Sie darbringen, etwas wie:

Auch (jeweiliger Name) Erfolg dieser Spruch soll bringen,
auf daß Träume und Ziele und Ersehntes gelingen.

Streuen Sie dann die getrockneten Kräuter darüber, während Sie singen:

Ihr Kräuter, schützt und bringt, was wir brauchen;
Unserm Handeln und Tun sollt Erfolg ihr einhauchen.

Nehmen Sie die Ecken des Stoffes zu einer Art Beutel zusammen und verschließen Sie ihn mit dem Geschenkband. Beobachten Sie eine Weile das Flackern der Kerze und stellen Sie sich dabei vor, wie die Strahlen der Sonne jeden, der in Ihrem Haus lebt, durchfluten. Bitten Sie dann die Sonne, Ihr Zuhause und alle, die darin leben, zu segnen, indem Sie etwas sagen wie:

Sonnenfeuer, warmer Schein,
Durch Deinen Zauber laß uns glücklich sein.
Öffne uns Türen zu neuen Dingen,
Laß unsre Pläne von jetzt an gelingen.
Mit neuem Erfolg füll' an unser Leben.
Wir bitten Dich, uns Deinen Segen zu geben.

Lassen Sie die Kerze ganz herabbrennen und hängen Sie den Zauber dann über Ihre Haustür. Ersetzen Sie ihn im kommenden Jahr und werfen Sie den alten Zauber ins Julfeuer.

Wie Sie während des Jahres für Erfolg sorgen

Nun, da Sie eine dem persönlichen Erfolg zuträgliche Umgebung geschaffen haben, ist es getan, oder? Nun, nicht ganz. Wie sehr Sie auch putzen und wie kraftvoll Ihr Erfolgszauber auch ist, negative Energien können sich immer noch einschleichen und Ihrem Glück im Weg stehen. Aber kein Grund zur Besorgnis: Die folgenden Präventivmaßnahmen werden Ihnen helfen, die Fäden in der Hand zu behalten und den Erfolgsfluß zu sichern, den Sie verdienen.

- Wenn Sie die Tür einer Abstellkammer oder eine Schublade öffnen, vergessen Sie nicht, sie gleich wieder zu schließen. Das verhindert zwischenmenschliche Schwierigkeiten und daß über Sie getratscht wird.
- Wissen Sie immer, wo sich Ihr Besen befindet. Wenn Sie einen Gast in Ihrem Haus haben, wegen dem Sie sich unwohl fühlen, entschuldigen Sie sich und stellen Sie den Besen mit den Borsten nach oben auf. Der Gast wird sich auf

der Stelle verabschieden und seine negative Energie mit sich nehmen.

– Stellen Sie sicher, daß alle Toilettendeckel und -brillen nach unten geklappt sind, wenn sie nicht gebraucht werden. So verhindern Sie, daß Ihr eigenes und das Haushaltsgeld verschwinden.

– Öffnen Sie während der Sonnenstunden die Vorhänge. Negative Energie haßt Sonnenlicht und wird sich nirgendwo niederlassen, wo es einfällt.

– Lassen Sie eine Lorbeerkerze brennen. Das hält nicht nur negative Energien in Schach, sondern läßt auch Geld in den Haushalt fließen.

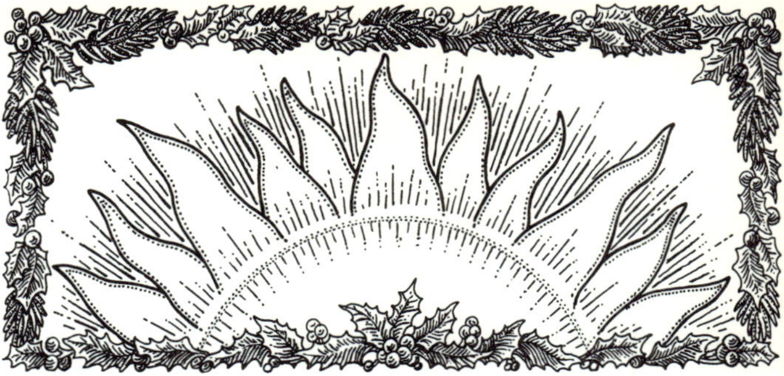

8

Die Hallen schmücken

Nichts ist so schön, wie sein Haus für die Winterfeiertage zu schmücken: Es macht nicht nur Spaß, es signalisiert auch unserer Psyche, daß die magische Zeit im Anmarsch ist, deren Zauber wir mit unseren Häusern, Leben und Seelen verweben können. Das Schönste daran ist aber, daß niemand weiß, daß unsere Dekorationsbegeisterung eine ganz besondere und einzigartige ist – und das trägt seine ganz eigene Magie in sich.

Der Julscheit

Wenn ich mit der Dekoration anfange, arbeite ich am liebsten zuerst am Julscheit. Der Julscheit ist ein Eichenscheit, den ich bei der letzten Wintersonnwende ausgewählt habe und neben dem Kamin für das nächste Julfest habe trocknen lassen. Es macht aber nichts, wenn Sie nicht soweit vorausgedacht haben: Sie können noch immer einen Scheit auswählen und ihn bis zum Julfest fertiggestellt haben. Sie brauchen sich ebenfalls keine Sorgen zu machen, wenn Sie keinen Platz haben, um ihn zu verbrennen: Auch dafür gibt es eine Lösung.

Es gibt zwei Arten, das Abbrennen des Julscheites zu zelebrieren. Für beide finden Sie unten eine Anleitung.

Einen traditionellen Julscheit herzustellen ist einfach. Alles was Sie brauchen ist ein sehr großes Stück Eichenholz, kleine Kiefernzapfen, etwas Immergrün (Stechpalme, Tanne, Kiefer oder Fichtenstücke reichen völlig aus), eine Spritzpistole mit Heißkleber und etwas rotes Geschenkband. Bringen Sie das Immergrün und die Zapfen von der Mitte des Scheits ausgehend an, bis Sie ein Arrangement vor sich haben, das Ihnen gefällt. Kleben Sie es dann mit dem Heißkleber an dem Scheit fest und binden Sie das Geschenkband um die Mitte des Scheites.

Wenn Sie möchten, können Sie persönliche Wünsche für das nächste Jahr auf kleine Papierstücke schreiben und sie hier und da unter das Laubwerk stecken. Legen Sie den Scheit bis zum Julfest beiseite.

Wenn die Zeit, den Scheit zu verbrennen, gekommen ist, entzünden Sie ihn unter Gesang, indem Sie den Eichen- und den Stechpalmenkönig ehren. Wenn Ihnen selbst nichts einfällt, versuchen Sie es mit dem Gesang, der in dem Kapitel »Persönliche Traditionen« vorgeschlagen wird. Stellen Sie für Ihr

Glück im nächsten Jahr sicher, daß der Scheit für zwölf Tage ununterbrochen brennt. Füllen Sie nach dem zwölften Tag etwas von der Asche in ein Einmachglas mit einem gut schließenden Deckel. Diese Asche hat große magische Wirkungskraft und kann im folgenden Jahr benutzt werden, um Zaubersprüche zu verstärken. Heben Sie den Rest der Asche auf, um ihn in Ihrem Garten und in den Blumenbeeten zu verstreuen – die Asche gibt einen fantastischen Dünger ab.

Wenn Sie dort, wo Sie leben, kein Holz verbrennen können, brauchen Sie einen symbolischen Julscheit. Suchen Sie einen kleinen Eichenscheit und schnitzen oder bohren Sie zwölf Löcher in die Oberfläche, die die Monate des Jahres symbolisieren. Die Löcher sollten groß und tief genug sein, um dünne Wachskerzen halten zu können. Stecken Sie die Wachskerzen in den Scheit (um sicherzugehen, daß die Kerzen gerade stehen und nicht wackeln, benutze ich Kerzenhalter aus Klebewachs. Sie sind gebrauchsfertig in jedem Bastelladen zu erwerben). Dekorieren Sie ihn wie den traditionellen Scheit, aber lassen Sie die Wunschzettel aus. Stimmen Sie zur Wintersonnwende den Gesang aus dem Kapitel »Persönliche Traditionen« an und zünden Sie danach die erste Kerze mit folgenden Worten an:

Wir geben Dir Leben, o Flamme so hell,
gib uns zurück Dein Licht, ganz schnell.

Lassen Sie jedes Familienmitglied einen Wunsch aufschreiben und ihn an der Kerze entzünden, während der/die Wünschende etwas singt wie:

Flamm auf, mein Wunsch, am Scheite
Und schwing Dich in die Weite,
Denn Du sollst mir jetzt erfüllt werden,
Weil ich Dich wünsch' wie sonst nichts auf Erden.

Legen Sie das Papier auf einen feuerfesten Teller, damit es ausbrennen kann. Lassen Sie die Kerze niederbrennen, soweit es geht, ohne daß der Scheit Feuer fängt. Führen Sie dieses Ritual die nächsten elf Tage lang jeden Tag aus. Am letzten Tag aber sollten Sie nur Wünsche verbrennen, die die Erde, Ihr Wohlergehen und Ihre Umwelt betreffen.

Schnelle und einfache Juldekorationen

Wenn der Julscheit erst einmal fertig ist, können Sie Ihr Haus in ein verzaubertes Wunderland verwandeln. Bringen Sie sich in Feiertagsstimmung, indem Sie Abdeckungen, Regale, Wände und Ecken dekorieren. Haben Sie Angst, daß das zu teuer wird? Denken Sie nochmal darüber nach! Die folgenden magischen Ideen sind schöne Dekorationen, die Ihnen kein Loch in Ihren Geldbeutel reißen.

Immergrünkranz

Metallring (in der Größe, die der Kranz haben soll)
Kiefern-, Fichten-, Tannen-, Zedern- oder Stechpalmenzweige
Kiefernzapfen, Beeren und wahlweise gemischte Nüsse
Dünner Blumendraht
Geschenkband
Spritzpistole mit Heißkleber
Drahtschneider

Teilen Sie das Immergrün in kleine Bündel von drei oder vier Zweigen auf. Umwickeln Sie dann das untere Ende der Bündel mit jeweils einem zehn bis zwölf Zentimeter langen Drahtstück. Wickeln Sie von der Mitte des Drahtes aus, so daß die Enden frei bleiben.

Fixieren Sie ein Bündel nach dem anderen an dem Metallring, indem sie ihn fest mit den Drahtenden umwickeln, bis der ganze Ring bedeckt ist. Während Sie arbeiten, können Sie etwas singen wie:

Abbildungen im Uhrzeigersinn, oben beginnend: Immergrüngirlande, Immergrünkranz, Ina Raes Julfest-Tischaufsatz, schnell gemachte Julstrümpfe, Platzdeckchen, Festtäglicher Harmoniebaum, Mistelzweigkugel

Blätter des Lebens und der Ewigkeit,
Blätter der Ruhe und der Unbesorgtheit,
Schützt uns mit diesem vollkommenen Ring,
Dafür ich diese Zeilen sing.

Befestigen Sie die Zapfen und Nüsse mit Sekundenkleber auf dem ganzen Kranz. Schneiden Sie ein weiteres 10 cm langes Stück Draht als Aufhänger ab, nehmen Sie es doppelt und drehen Sie die Enden um die Seite des Kranzes, die später oben hängen soll. Bedecken Sie den Draht mit Geschenkband und binden Sie es zu einer Schlaufe zusammen. Hängen Sie den Kranz an Ihre Haustür oder an einen gut sichtbaren Ort in Ihrer Wohnung.

Immergrüngirlande

Immergrünzweige
Dünner Blumendraht
Wahlweise Geschenkband
Drahtschere

Sortieren Sie die Zweige zu Bündeln und heften Sie sie, wie beim Immergrünkranz, mit Draht zusammen. Legen Sie das nächste Bündel darüber, so daß es den Draht am unteren Bündel bedeckt, und fixieren Sie mit den Drahtenden das zweite Bündel am ersten. Fügen Sie einen weiteren Bund hinzu und wickeln Sie die Enden des vorherigen Bündels darum. Machen Sie weiter so, bis die Girlande die erwünschte Länge erreicht hat. Während Sie die Girlande anfertigen, singen Sie etwas wie:

Immerwährende Kette aus grünen Zweigen,
Du sollst uns Liebe und Frohsinn zeigen.
Schütze uns vor dunkler Macht,
Uns Gutes zu bringen, bist du gedacht.

Binden Sie, wenn die Girlande fertig ist, lange Stücke Geschenkband zu Schleifen und befestigen Sie sie mit dem Draht an den Stellen, an denen die Girlande später aufgehängt werden soll.

Mistelzweigkugel

1 Schaumstoffkugel mit einem Durchmesser von ca. 10 cm (Floristenschaumstoff eignet sich am besten, aber Sie können auch Styropor benutzen)

Mistelzweige (frisch oder getrocknet)
Stechpalmenzweige (frisch oder getrocknet)
2 x 1 Meter rotes Geschenkband
Stecknadeln

Binden Sie eines der Geschenkbandstücke vertikal um die Kugel, stecken Sie es fest und schneiden Sie es ab. Binden Sie den Rest horizontal um die Kugel, so daß Sie sie in zwei weitere Hälften unterteilen. Stecken Sie auch dieses Band fest und schneiden Sie es ab. Die Kugel sollte jetzt in vier gleichgroße Viertel unterteilt sein. Füllen Sie diese Viertel, indem Sie die Zweige in den Schaumstoff pressen, bis alle Teile vollständig bedeckt sind. Während Sie arbeiten, können Sie etwas singen wie:

Mistelzweig, Stechpalme, hört mich an,
schenkt uns Euren freudigen Zauberbann,
Mögen die, die sich küssen, von Euch bewacht
Das Jahr über glücklich sein, bei Tag und bei Nacht.

Schneiden Sie von dem zweiten Stück Geschenkband ein 20 cm langes Stück ab und knoten Sie es zu einer Schlaufe, an der Sie die Kugel später aufhängen können. Befestigen Sie sie mit Stecknadeln oben an der Kugel. Schneiden Sie dann das übrige Stück Geschenkband in zwei Hälften, binden Sie sie zu Schleifen mit mehreren Schlaufen und stecken Sie sie oben und unten an der Kugel fest.

Ina Raes Julfest-Tischaufsatz

2 identische durchsichtige Wein- oder Sektgläser
Kleine getrocknete Blumen oder Stoffblumen und Grün
Julsymbole (Glocken, Runen, Sonnensymbole)
Kleine rote Kerze
Blumenerde
Durchsichtiger Sekundenkleber
Rotes Geschenkband
Wahlweise Schmuckbänder

Füllen Sie etwas Blumenerde in den Boden eines der Gläser. Drücken Sie die Kerze in der Mitte fest und dekorieren Sie die Blumen, das Grünzeug und die Symbole darum herum. Wenn das Arrangement Ihnen gefällt, bringen Sie Klebstoff am oberen Rand des Glases an und drücken Sie die Oberkante des anderen Glases ein paar Sekunden darauf fest, bis der Kleber hält.

Schlingen Sie das Geschenkband um den Stiel und binden Sie es zu einer schönen Schleife. Wenn Sie möchten, können Sie ein Schmuckband um die Stelle kleben, an der die Gläser verbunden sind. Segnen Sie den Tafelaufsatz, indem Sie etwas sagen wie:

Symbole des Jul, des langen Lebens und der Sonne:
Ich segne Euch mit Spaß, Gelächter und Wonne;
Ich segne Euch mit Weisheit, Freude und Glück,
Gebt jedem, der hier sitzt, davon ein Stück.

Festtäglicher Harmoniebaum

1–2 dicke Zeitschriften
Wahlweise goldenes Farbspray
Wahlweise Glitter
Wahlweise Sternen-, Sonnen- und Mondpailletten
Weißer Klebstoff
Runder Baumschmuck von 3–4 cm Durchmesser

Schieben Sie die obere rechte Ecke jeder einzelnen Seite der Zeitschrift(en) bis zur Bindung ins Innere der Zeitschrift(en). Drücken Sie die entstehende Falte in jedem Bogen flach, bis jede Seite gefaltet ist. Wiederholen Sie den Vorgang mit der Vorder- und der Rückseite der Zeitschrift. Singen Sie, während Sie basteln, etwas wie:

Papierseiten, einst wart ihr Holz,
Im Wald ihr standet hehr und stolz.
Ich geb' Euch die Form des Baumes zurück;
Sei gesegnet, Papier, und bring uns Glück.

Kleben Sie die Vorder- und die Rückseite zusammen. Für einen volleren Baum können Sie zwei Zeitschriften verwenden und die Vorder- und Rückseiten zusammenkleben. Sprühen Sie sie mit Farbe an, streuen Sie Glitzerstaub darüber, und fügen Sie, wenn Sie möchten, einige Pailletten hinzu. Geben Sie etwas Kleber auf die Mitte der Baumspitze und setzen Sie den Baumschmuck ein. Segnen Sie den Tafelaufsatz, indem Sie etwas sagen wie:

Baum des Lichts, der uns bewacht,
Baum, der leuchtet in der Nacht,
Jeden Tag bist Du verschieden,
Schenk uns Menschen Deinen Frieden.

Platzdeckchen

Roter oder grüner Stoff
Alte Weihnachtskarten und kleine Andenken
Durchsichtige Klebefolie
Zickzackschere
Schere

Schneiden Sie mit der Schere den Stoff in der Größe zurecht, die die Platzdeckchen haben sollen. Benutzen Sie die Stoffstücke als Formatvorlage und schneiden Sie für jedes zwei

Stücke in der gleichen Größe aus der Klebefolie. Schneiden Sie Bilder aus den alten Weihnachtskarten aus und ordnen Sie sie auf den Stoffstücken an. Wenn Sie möchten, können Sie Andenken an vorige Feiertage hinzufügen. Wenn die Anordnung Ihnen gefällt, ziehen Sie vorsichtig das Schutzpapier von einem Stück Klebefolie ab und kleben Sie die Folie auf den Stoff. Achten Sie darauf, daß keine Falten und Luftblasen zurückbleiben. Bekleben Sie auch die andere Seite des Stoffstückes mit Folie. Wiederholen Sie den Vorgang bei jedem Platzdeckchen und schneiden Sie dann die Ecken mit der Zickzackschere zurecht. Segnen Sie die Platzdeckchen mit Worten wie:

Stücke der Wonne und des Glücks,
Bringt alte Freuden uns zurück,
Verhelft uns zu schönen Tagen,
Die im Schatz der Erinnerung wir dann haben.

Schnell gemachte Julstrümpfe

Gekaufte Strümpfe
Filz in gemischten Farben
Buchstabenschablonen
Aufbügelgewebe
Stift
Bügeleisen
Schere

Zeichnen Sie mit der Schablone die Buchstaben eines Namens auf den Filz – ich nehme gerne für jeden Buchstaben eine andere Farbe – und schneiden Sie sie aus. Bügeln Sie die Buchstaben nach der Bedienungsanleitung auf das Aufbügelgewebe und schneiden Sie sie aus. Entfernen Sie die Schutzfolie von dem Aufbügelgewebe und bügeln Sie die Buchstaben auf die Strümpfe. Wenn Sie wollen, können Sie auch Julsymbole, Runen und andere festtägliche Motive aus dem Filz ausschneiden und auf die Strümpfe bügeln. Widmen Sie die Strümpfe dem Julkönig mit Worten wie diesen:

Julkönig, wir begrüßen Dich
Und Dein neues, helles Licht.
Gib (Name des Strumpfbesitzers) Deinen Segen
Und leite sie/ihn auf ihren/seinen Wegen.

Wenn Sie alles dekoriert haben und dennoch einige nackte Flecken in Ihrem Haus zurückgeblieben sind, probieren Sie einige der folgenden Ideen aus: Sie sind schnelle und trotzdem schöne Lückenfüller.

- Gestalten Sie mit einer oder zwei Dosen Kunstschnee ein Panoramafenster zu einem Ferienkalender um: Teilen Sie das Fenster mit einem Zollstock in Zeilen und Spalten ein und fügen Sie mit einer Schablone Daten ein. Wenn Sie möchten, können Sie mit einer Schablone auch Weihnachtsfiguren und -symbole einfügen. Umranden Sie das Fenster dann mit einer Lichterkette.
- Hängen Sie Bündel von Kunststoffeiskristallen an die Türknäufe im Haus und befestigen Sie das Ganze mit einem Verschlußdraht. Verdecken Sie den Verschlußdraht mit einer Schleife aus Geschenkband.

- Um ein leeres Tischende, ein Kaminsims oder eine Arbeitsplatte in der Küche zu schmücken, stellen Sie eine durchsichtige Schüssel mit Fuß darauf und füllen Sie sie mit Glas- oder Stoffschmuck und Schleifen.
- Um kleine Nischen zu schmücken, versehen Sie kleinen Glas- oder Stoffschmuck mit Schlaufen aus Geschenkband oder Bindfäden und hängen Sie sie an Deckenhaken. Sie sehen auch hübsch aus, wenn sie von Hängelampen und Kerzenleuchtern hängen.
- Schmücken Sie Spiegel, Fenster und Türen mit bunten Lichterketten. Besonders schön sind die, bei denen kleinere Lichterketten von einer Hauptkette herabhängen.
- Verzieren Sie Bettpfosten und Kopf- und Fußstützen mit Immergrüngirlanden und Schleifen.
- Befestigen Sie Immergrüngirlanden über Türen und fügen Sie einige Zuckerstangen oder Schmuck aus Salzteig hinzu (Anleitung siehe Kapitel »Baumschmuck«).
- Legen Sie Stechpalme, Mistelzweige und sonstiges Immergrün um die Füße großer Standkerzen und verteilen Sie sie in verschiedenen Anordnungen im Haus.
- Auch aus Äpfeln kann man tolle Kerzenständer herstellen: Entfernen Sie das Gehäuse, höhlen Sie sie aus und stellen Sie Votivkerzen oder kleine Standkerzen hinein.

Weihnachtszauber für Kinder

Jetzt haben Sie sich selbst also in ein wahres Dekorierfieber versetzt. Alles in allem sind Sie zufrieden, aber die Ideen verlassen Sie, und Sie haben noch immer nicht genug Schmuck beisammen, um Ihr Haus fertig zu dekorieren. Was nun? Wenn Sie Kinder haben, fragen Sie sie doch, ob sie nicht Lust haben, sich etwas zu überlegen, um Ihr Problem zu lösen. Wenn auch ihnen nichts einfällt, lassen Sie sie das Kapitel »Weihnachtszaubersprüche für Kinder« lesen. Das dient mehreren Zwecken: Zum einen haben Ihre Kinder die Möglichkeit, ihre Fantasie zu gebrauchen, die eine große und inspirierende Quelle der Kreativität ist. Zum anderen können Sie, die müden und beschäftigten Eltern, sich dazugesellen und ihre ungezähmte Energie für sich nutzen. Aber vor allem, wenigstens vom Standpunkt der Eltern aus, halten Sie Ihre Kinder auf diese Art beschäftigt und geben ihnen ein Ziel, und wir alle wissen, dass beschäftigte Kinder glückliche Kinder sind!

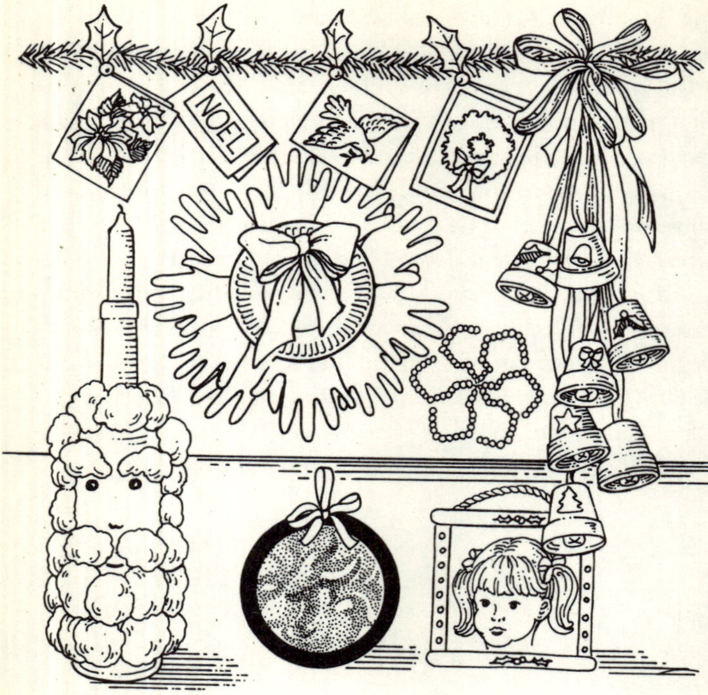

Abbildungen im Uhrzeigersinn, oben beginnend: Weihnachtskartenhalter, Blumentopfglocken, Erkennungskärtchen für Strümpfe, Fensterschneeflocken, schnell gemachter Sonnenfänger, Kranz aus Handabdrücken, Weihnachtsmannkerzenhalter

Schnell gemachter Sonnenfänger

Wachsmalkreiden
2 Blätter Wachspapier
2 Blätter schwarzes kartoniertes Papier
Große Papiertüte
Untertasse
Zirkel, Bleistift, Spitzer, Locher und Schere
Klebstoff oder Kleister
Geschenkband
Bügeleisen

Legen Sie die Untertasse auf einen Bogen kartoniertes Papier. Fahren Sie ihren Umriß mit einem Bleistift nach und schneiden Sie den Kreis aus. Wiederholen Sie das Ganze mit dem zweiten Blatt und dem Wachspapier. Sie haben jetzt zwei Kreise aus kartoniertem und zwei aus Wachspapier. Stechen Sie mit dem Zirkel in die Mitte der Kreise aus kartoniertem Papier ein und zeichnen Sie einen Kreis, der etwa 1,5 cm kleiner ist als das Papier. Schneiden Sie die Mitte aus.

Legen Sie einen Wachspapierkreis auf die Papiertüte. Spitzen Sie mit dem Spitzer die Wachsmalkreiden an und lassen Sie die Späne auf die Kreise fallen. Ordnen Sie die Farben in kleinen, einfarbigen Häufchen in geringen Abständen an. Wenn Sie mit der Farbkombination zufrieden sind, legen Sie den zweiten Wachspapierkreis darauf.

Stecken Sie das Bügeleisen ein und heizen Sie es bei mittlerer Temperatur auf. Bügeln Sie über die Kreise aus Wachspapier, bis die Kreidestückchen dazwischen schmelzen. Lassen Sie sie eine oder zwei Minuten abkühlen, und kleben Sie dann die Ringe aus kartoniertem Papier wie einen Rahmen auf die Vorder- und Rückseite. Lochen Sie die Oberseite, ziehen Sie das Geschenkband hindurch und binden Sie es zu einer Schleife. Hängen Sie den Sonnenfänger an ein sonniges Fenster.

Weihnachtskartenhalter

1 Immergrün- oder Lamettagirlande in der Länge, die der Halter haben soll
Hölzerne Wäscheklammern (eine für jede Karte, die Sie aufhängen wollen)
Grünes kartoniertes Papier
Weißer Klebstoff
Roter Glitter

Schneiden Sie zuerst für jede Wäscheklammer zwei Stechpalmenblätter aus dem grünen Papier aus und kleben Sie eines an jede Seite der Klammer. Die Blattenden sollten sich in der Mitte der Klammer befinden und einander berühren. Versehen Sie die Stelle, an der die Blätter sich berühren, mit zwei oder drei Tropfen Klebstoff und streuen Sie als Stechpalmbeeren den roten Glitter darauf.

Hängen Sie die Girlande an eine Wand oder Täfelung und klemmen Sie die Wäscheklammern in gleichmäßigen Abständen daran. Befestigen Sie mit jeder Klammer eine Karte.

Weihnachtsmann-Kerzenhalter

1 alte Weinflasche (sauber und ohne Etiketten)
1 dünne Wachskerze
Rote, weiße und schwarze Abdeckfarbe (weitere Farben optional)
Großer Beutel Wattebäusche
Klebstoff
Farbpinsel

Bemalen Sie die Flaschenöffnung der Flasche weiß und den Hals rot. Kleben Sie entlang der Unterkante der roten Farbe eine Reihe von Wattebäuschen fest. Sie stellt die Pelzborte an der Mütze des Weihnachtsmanns dar. Ziehen Sie zwei Wattebäusche auseinander und kleben Sie sie als Augenbrauen auf. Malen Sie dann mit der schwarzen Farbe zwei umgekehrte Kommata als Augen. Malen Sie unter die Augen zwei winzige, aneinanderhängende Halbkreise, die nach oben offen sind, für die Nase. Kleben Sie einige Wattebäusche als Bart unter die Nase. Malen Sie unter den Bart einen nach oben offenen Halbkreis für den Mund. Lassen Sie dem Gesicht etwas Platz und kleben Sie dann über den Rest der Flasche Wattebäusche, um Bart und Haare des Weihnachtsmannes darzustellen. Stecken Sie eine dünne Wachskerze in den Flaschenhals.

Erkennungskärtchen für die Strümpfe

1 Fotografie jedes Familienmitglieds
4 flache Holzstäbchen für jedes Foto
Klebstoff
Garn
Farbige Filzstifte
Schere

Kleben Sie jeweils vier der flachen Holzstäbchen zu quadratischen Rahmen zusammen, so daß die Enden etwas überlappen. Wenn die Rahmen getrocknet sind, dekorieren Sie sie mit den farbigen Textmarkern. Binden Sie ein Stück Garn an die beiden Ende der Oberseite der Rahmen, so daß Schlaufen zum Aufhängen entstehen. Legen Sie die Rahmen auf die Fotos und schneiden Sie die Fotos, wenn sie zu groß sind, mit der Schere zurecht. Kleben Sie die Fotos an die Rahmen und hängen Sie sie über oder neben die Strümpfe.

Fensterschneeflocken

3 Pfeifenreiniger
Perlen mit Facetten in verschiedenen Größen
Nylonschnur

Halten Sie die Pfeifenreiniger zusammen und drehen Sie sie in der Mitte einige Male umeinander. Ziehen Sie die 6 Enden auseinander, um ein Rad zu formen. Fädeln Sie Perlen an die Enden, bis nur noch etwa 1 cm unbedeckt ist. Fädeln Sie die herausstehenden Enden teilweise wieder in die letzte Perle ein, so daß eine Schlaufe entsteht, und drücken Sie die Schlaufe flach, damit die Perlen nicht hinunterfallen. Verwenden Sie ein Stück Nylonfaden als Aufhängung. Die Schneeflocken sehen auch am Weihnachtsbaum toll aus.

Kranz aus Handabdrücken

1 Papierteller
Kartoniertes Papier
Kleber
Schere
Bleistift
Garn
Geschenkband

Legen Sie Ihre Handfläche mit gespreizten Fingern auf einen Bogen kartonierten Papiers. Umfahren Sie sie mit dem Bleistift und schneiden Sie den Umriß aus. Legen Sie die Papierhand an den Rand des Papiertellers und markieren Sie Anfang und Ende leicht mit dem Stift. Legen Sie die Schablone an die letzte Markierung und markieren Sie die gegenüberliegende Seite. Fahren Sie um den ganzen Teller herum damit fort, um herauszufinden, wie viele Hände Sie brauchen, um den Kranz zusammenzubekommen. Wenn Sie noch etwas Platz übrighaben, fügen Sie eine weitere Hand hinzu. Es macht nichts, wenn sie ein bißchen überlappen, da mehr Hände einen volleren und ansehnlicheren Kranz ergeben.

Nehmen Sie den Handumriß als Muster und legen Sie ihn

auf das Papier. Umfahren Sie ihn mit dem Stift und schneiden Sie die erforderliche Zahl an Händen aus. Kleben Sie die Hände an den Rand des Papiertellers und schneiden Sie die Mitte des Tellers heraus. Binden Sie dann das Geschenkband zu einer Schleife und befestigen Sie sie an der Oberseite des Papiertellers. Kleben Sie als Aufhängung ein Stück Garn an die Hinterseite des Kranzes. Tip: Wenn Sie mehrere Kinder haben, benutzen Sie all ihre Handabdrücke für den Kranz. Lassen Sie die Kinder ihre Namen auf die jeweiligen Handabdrücke schreiben.

Blumentopfglocken

Eine gerade Anzahl kleiner Terra-Cotta-Blumentöpfchen
1 Metallglöckchen für jeden Topf
Ca. 1 m Geschenkband oder Kordel für jeweils zwei Blumentöpfe
Abdeckfarbe
Farbpinsel
Wahlweise Weihnachtsabziehbilder oder Aufkleber

Bemalen Sie die Blumentöpfe in weihnachtlichen Farben. Wenn Sie möchten, können Sie auch thematisch passende Motive oder Aufkleber verwenden. Stellen Sie sie beiseite.

Nehmen Sie die Enden des Geschenkbandes bzw. der Kordel in Ihrer Hand zusammen und ziehen Sie die Enden ein Stück heraus, so daß verschieden lange Stücke aus Ihrer Hand heraushängen. Kniffen Sie die Schnüre in der Mitte und knoten Sie sie etwa 5 cm oberhalb des Kniffs zusammen. Die so entstehenden Schlaufen sollen später als Aufhängung für die Glocken dienen.

Nehmen Sie einen Blumentopf zur Hand und fädeln Sie eines der Bänder erst durch das Entwässerungsloch und dann durch ein Glöckchen. Machen Sie einen Knoten in das Band, damit das Glöckchen an seinem Platz bleibt. Knoten Sie das Band etwa 2,5 cm von der Glocke entfernt ein weiteres Mal, damit auch der Blumentopf nicht verrutschen kann. Wiederholen Sie das mit jedem Bandende, bis alle Glöckchen und Blumentöpfe sicher befestigt sind. Hängen Sie die Glocken an Ihre Haustür.

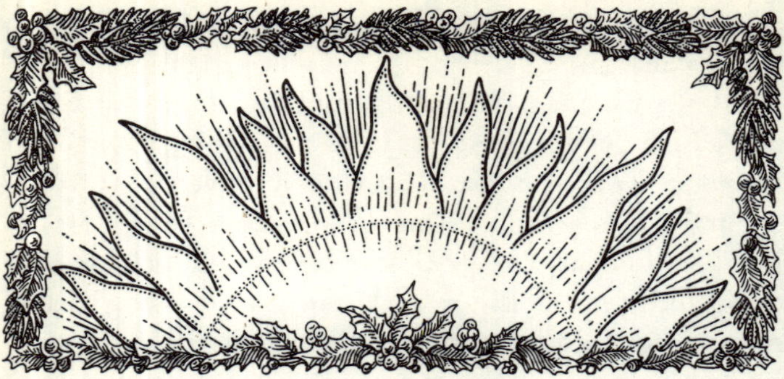

9

Winterliche Stimmung zaubern

Nun ist das Haus geschmückt, alles sieht wundervoll aus, und das Julfest steht vor der Tür. Der Geist der Jahreszeit sollte Ihr ganzes Sein durchfluten, aber etwas stimmt noch nicht! Sie können nicht so recht in Feiertagsstimmung kommen. Das Problem ist ein einfaches: Sie fühlen sich nicht winterlich. Die Sonne scheint, es ist ungewöhnlich warm, und Sie haben den Eindruck, Sie sollten eher ihre liebsten kurzen Sachen anziehen, den Picknickkorb packen und an den Strand fahren, als Geschenke einzukaufen, einen Baum auszusuchen und das Festtagsessen zu planen.

Millionen Menschen auf der Welt haben dieses Problem. Sie leben in Gegenden, in denen die Temperatur nur selten unter den Gefrierpunkt fällt und der Unterschied zwischen den Jahreszeiten minimal bis nicht vorhanden ist. Bedauerlicherweise haben manche dieser Menschen niemals Schnee oder Eis gesehen, geschweige denn darin gespielt. Und was tun sie dagegen? Wie kommen sie in die richtige Stimmung, um den Winter zu feiern – eine Jahreszeit, die in ihrer Gegend unmöglich scheint?

Sie holen sich den Winter einfach in ihr Haus.

Den Winter ins Haus zu holen macht keine Unordnung und muß kein Problem darstellen. Alles was Sie brauchen ist etwas Vorstellungskraft, einige Hilfsmittel und eine große Portion Kreativität. Unabhängig von Ihrem lokalen Klima werden die folgenden Ideen Sie in die rechte Stimmung bringen, um den Winter zu zelebrieren und seine Freuden zu genießen.

Winterlandschaft

Alles, was Sie für dieses Vorhaben brauchen, sind ein kleiner Tisch, ein stabiles Stück Styropor und etwas, das künstlichen Schnee darstellen kann: Wattebäusche, Klebstoff, Glitter oder weißes Waschpulver eignen sich hervorragend. Wenn Ihnen kein Tisch zur Verfügung steht, improvisieren Sie mit dem, was Sie haben. Ein ungeschmücktes Kaminsims, die Oberseite eines Bücherregals oder einige leere Fensterbretter werden ihren Zweck auch erfüllen.

Schneiden Sie zuerst das Styropor als Unterlage zurecht. Fügen Sie dann den Schnee hinzu. Das kann auf mehrere Arten geschehen: Einige Leute ziehen Wattebäusche auseinander, kleben sie an den Boden und bestreuen sie mit etwas Glitter. Weil ich gerne Hügel und Täler baue, arbeite ich normalerweise mit einer dicken Masse, die ich aus Waschpulver und Wasser anfertige. Ich verteile sie gleichmäßig auf der Grundlage und füge dort, wo ich Hügel haben möchte, große Löffel der Masse hinzu. Glätten Sie das Ganze vorsichtig mit einem Gummispachtel, streuen Sie etwas Glitter darüber, und – schwups! – entsteht eine Schneelandschaft.

Jetzt, wo Sie eine schneebedeckte Landschaft haben, nehmen Sie sich etwas Zeit, um Ihr Meisterwerk zu vervollständigen. Um es Ihnen zu erleichtern, sind im Folgenden einige meiner Lieblingsideen aufgelistet. Aber lassen Sie das nicht alles sein! Holen Sie die ganze Familie dazu und nutzen Sie deren Ideen und Vorstellungen.

- Fügen Sie einen Wald aus Immergrünzweigen hinzu. Tragen Sie mit einem Farbpinsel etwas Schneepaste auf die Zweige auf und bestreuen Sie sie mit Glitter.
- Dekorieren Sie einen der »Bäume« mit Pailletten, winzigen Perlen und Glitzer. Benutzen Sie Stickgarn oder dünnes Geschenkband als Girlanden und legen Sie winzige Geschenke darunter.
- Drücken Sie in die noch feuchte Schneemasse einen kleinen Spiegel als gefrorenen See.
- Bauen Sie ein winziges Lagerfeuer aus dünnen Zweiglein und kleben Sie rote und orangefarbene Fetzen aus feinem Seidenpapier als Flammen daran.
- Ummanteln Sie zwei kleine Styroporkugeln mit der Schneepaste und drücken Sie sie zu einem Schneemann zusammen. Nutzen Sie schwarze Klebepunkte als Augen, Nase und Mund. Flechten Sie etwas schweres Garn zu einem kleinen Schal zusammen und benutzen Sie einen Puppenhut als Kopfbedeckung.
- Fügen Sie kleine Häuser, Menschen und winzige Spielzeugtiere für Dorf- und Waldszenen hinzu.

– Für einen andauernden diesigen Nebel versuchen Sie es mit etwas Trockeneis: Verstecken Sie die Behälter hinter kleinen Holzklötzen und stellen Sie sie in direkter Nähe zu der Szene auf.

Die Möglichkeiten dieser Bastelidee sind unbegrenzt, aber seien Sie gewarnt: Wenn man einmal angefangen hat, entwikkelt diese Schöpfung normalerweise ein Eigenleben. Eine Freundin von mir arbeitet seit vier Jahren an der Vervollkommnung ihres Winterwunderlandes. Ich habe den Verdacht, daß sie noch daran arbeiten wird, wenn ich alt und grau bin.

Schneeflocke im Glas

1 weißer Pfeifenreiniger
1 Einliterglas mit weitem Hals
6 Eßlöffel Borax
2 Tassen kochendes Wasser
1 Stift
Bindfaden
Schere

Schneiden Sie den Pfeifenreiniger in drei gleichlange Stücke, drehen Sie sie in der Mitte zusammen und ordnen Sie die sechs Enden so an, daß sie gleichen Abstand voneinander haben. Binden Sie ein Ende des Bindfadens an eines der »Beine« und das andere um die Mitte des Stiftes. Für eine dichtere Flocke binden Sie den Faden am Stück um das Ende jedes Beines, so daß innen ein Rad entsteht. Legen Sie es beiseite.

Füllen Sie das kochende Wasser in das Glas und lösen Sie unter ständigem Rühren löffelweise das Borax darin auf. Kümmern Sie sich nicht darum, wenn sich ein wenig Borax am Boden der Flasche sammelt, machen Sie einfach mit dem nächsten Schritt weiter. Tauchen Sie das Pfeifenreinigergebilde in die Lösung und lassen Sie den Stift oben auf dem Glas liegen.

Lassen Sie die Schneeflocke über Nacht in der Lösung. Am nächsten Morgen wird sie mit winzigen glitzernden Kristallen bedeckt sein. Entfernen Sie sie aus dem Glas und hängen Sie sie ins Fenster, wo sie das Licht der Sonne einfangen kann.

Ärgern Sie sich nicht, wenn keine dieser Bastelarbeiten Ihnen zusagt. Es gibt Tausende andere Wege, auf denen Sie sich den Winterzauber in Ihr Herz holen können. Alles, was man braucht, ist etwas Vorstellungskraft. Wenn Sie beispielsweise mehr der künstlerische Typ sind, können Sie es mit Eisschnitzerei oder Eisskulpturen versuchen, oder Sie dekorieren Ihre Fenster mit etwas Kunstschnee. Sie könnten auch ein paar Runden auf der örtlichen Eislaufbahn drehen oder auf den Reiseseiten im Internet nach kalten Gegenden suchen. Sie werden schneller an Schnee und Eis denken, als Sie »Fröhliches Julfest« sagen können.

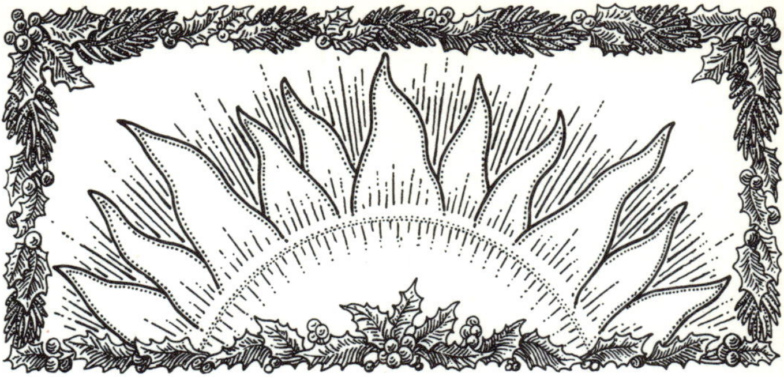

10

Der Julbaum

Seit Jahrhunderten spielen Bäume (und ihre Produkte) eine sehr wichtige Rolle bei den Winterfeierlichkeiten, es ist also kein Wunder, daß wir sie mit dieser Zeit assoziieren oder sie als Feiertagsikonen ansehen – sogar mehr als Strümpfe, Geschenke und Süßigkeiten. Tatsächlich wetteifert der Julbaum mit dem Weihnachtsmann um den ersten Platz auf der Weihnachtsliste, und einen Baum zu kaufen markiert für den, der sich darum kümmert, meistens den Anfang der persönlichen Feiertage. Wenn man das bedenkt, beantwortet sich die Frage, ob Sie einen Baum aufstellen möchten oder nicht, von selbst. Die Frage lautet dann viel eher, welcher Baum am besten zu Ihren Lebensgewohnheiten paßt.

Als ich ein Kind war, waren wir mit mehreren hundert Ar Baumland gesegnet. Monatelang suchte mein Vater dieses Gelände nach dem perfekten Baum ab. Er mußte genau die richtige Größe, genau die richtige Form und Zweige in genau der richtigen Länge haben. Während dieser Zeit schien mein Vater immer in den Wäldern zu sein. Da er eine Art selbsternannter »Waldhüter« war, habe ich den Verdacht, daß den Baum zu finden keine so schwere Aufgabe war, wie er vorgab. Es verschaffte ihm nur eine Ausrede, um sich dort aufzuhalten, wo er sich am wohlsten fühlte: in der friedvollen, stillen Einsamkeit von Mutter Natur und weit weg von den unaufhörlichen »Mach mal, Schatz« -Listen meiner Mutter. Wie dem auch sei, er fand den perfekten Baum immer rechtzeitig vor dem Thanksgiving-Dinner und mein Vater war der Held des Tages.

Mein Vater ist vor einiger Zeit von uns gegangen, und sein besonderes Baumfällritual – ein geheimer Ritus, den er mit niemandem teilte – starb mit ihm. Aber nachdem ich selbst mittlerweile einige Bäume geschnitten habe, habe ich ein paar persönliche Techniken entwickelt, Techniken, die ich gerne mit Leuten teile, die auf diese Weise zu ihrem Weihnachtsbaum kommen möchten.

- Verbringen Sie einige Zeit im Wald und bauen Sie Beziehungen zu den Bäumen auf. Sprechen Sie mit ihnen, hören Sie ihnen zu und freunden Sie sich mit ihnen an. Nachdem Sie jeden einzelnen kennen, erzählen Sie ihnen, daß Sie einen Julbaum brauchen. Sehen Sie, was passiert. Möglicherweise wird sich einer von ihnen auf der Stelle freiwillig zur Verfügung stellen.
- Wenn der Tag gekommen ist, an dem Sie den Baum fällen, schnappen Sie sich ein Stück Seil, eine Säge mit frischgeschliffenem Blatt und einige Düngerstäbchen. Sprechen Sie

mit dem Baum und danken Sie ihm für sein Geschenk. Binden Sie dann das Seil etwa 15 bis 20 cm über dem Boden um den Stamm.

- Erklären Sie dem Baum, daß Sie seinen Stamm genau oberhalb des Seiles absägen werden. Bitten Sie ihn, seine Seele tief im Boden zu versenken, um Verletzungen oder Schmerzen aus dem Weg zu gehen.
- Sägen Sie rasch horizontal durch den Stamm. Ich benutze gerne die Kettensäge, da sie schnell und effizient arbeitet. Danken Sie dem Baum erneut und stecken Sie nahe des Baumstumpfes einige Düngerstäbchen in den Boden. Das wird neuen Zweigen helfen, zu sprießen und dem Baum einen erfolgreichen Neustart ermöglichen.
- Vergessen Sie nicht, häufig zurückzukehren und den Baum zu besuchen. Nehmen Sie etwa alle drei Monate Düngerstäbchen mit und stecken Sie sie in den Boden. Das ist ein kleiner Preis für solch ein wundervolles Geschenk.

Was, wenn Sie einen richtigen Baum möchten, Ihnen aber kein eigener Wald zur Verfügung steht? Das ist kein Problem, da Tannenbäume überall verkauft werden und die Stände schon Ende November öffnen. Aber ist ein geschnittener Baum die richtige Wahl für Ihre Familie? Einige Dinge sollten durchdacht werden, bevor Sie einen echten Baum kaufen: Zum einen neigen sie dazu, schnell auszutrocknen. Deshalb müssen Sie oft gewässert und besprüht werden (zwei- bis dreimal die Woche, abhängig von der Luftfeuchtigkeit in Ihrem Haus), damit sie kein Feuer fangen. Des weiteren sollten Sie bedenken, ob Sie sich wirklich mit der Unordnung herumschlagen wollen, die dadurch entsteht. Geschnittene Bäume neigen dazu, zu nadeln, und die gefallenen Nadeln können sich im Teppich verfangen und den Staubsauger verstopfen.

Wenn das nicht unbedingt nach Ihren Vorstellungen von einer friedvollen Zeit klingt, können Sie über einen künstlichen Baum nachdenken oder sich den Alternativplan durch den Kopf gehen lassen, den meine Freundin Wendy vorgeschlagen hat. Sie und Ihr Ehemann kaufen lebende, eingetopfte Bäume für jedes ihrer Kinder. Sie verbringen einen Nachmittag damit, über Jul zu sprechen, während sie Schmuck basteln, Weihnachtsmusik hören und die Äste schmücken. Die Kinder behalten ihren Baum in ihrem Zimmer und kümmern sich den ganzen Winter über um ihn. Im Frühjahr pflanzen sie die Bäume dann draußen ein. Ein Gipsabdruck mit den Hand- und Fußabdrücken der Kinder, ihrem Namen und dem Datum der Pflanzung liegt am Fuß der Bäume und erinnert an das Ereignis. Ich kann mir nichts Besseres vorstellen, um die Erde zu bereichern und Mutter Natur etwas zurückzugeben!

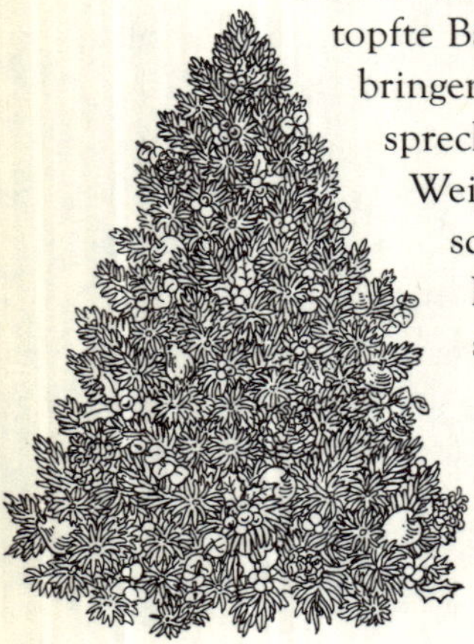

Den Baum schmücken

Den Baum zu schmücken ist wohl das Ereignis, auf das man sich in der ganzen Weihnachtszeit am meisten freut. Zum einen ist es eine Gelegenheit, Zeit mit seiner Familie zu verbringen und gemeinsam Spaß zu haben, es läßt in uns aber auch eine Ahnung von Kunstfertigkeit und Vollendung entstehen. Für uns Heiden ist das aber noch nicht alles: Hier können wir unseren kreativen Energien freien Lauf lassen und eine Art von Magie ausüben, die sich von jeder anderen im Kosmos unterscheidet.

Was für einen Baum Sie auch immer verwenden (geschnitten, lebend, künstlich oder sonstiges), es ist wichtig, daß Sie ihn segnen und weihen, bevor Sie ihn schmücken. Die Segnung muß nicht formal oder lang sein, einfache Segnungen funktionieren genauso gut. Um Ihnen die Segnung zu erleichtern, ist unten ein Beispiel angeführt. Nutzen Sie es als Leitfaden und bauen Sie darauf auf. Seien Sie kreativ. Vergessen Sie nicht, daß die Magie, die Sie jetzt ausüben, das Fundament ist, auf dem alle persönliche Magie des kommenden Jahres aufbauen wird.

Baumsegnungsritual

Weiße Kerze
Kiefernräucherwerk
Salz
Kleine Schüssel Wasser
Wahlweise Abwehrmittel für Tiere

Nachdem der Baum aufgestellt wurde und fertig zum Schmükken ist, zünden Sie das Räucherwerk und die Kerze an. Nehmen Sie das Räucherwerk und gehen Sie, im Osten beginnend, im Uhrzeigersinn um den Baum. Singen Sie dabei etwas wie:

Baum des Lebens, mit Luft sei gesegnet,
damit unter Dir uns kein Kummer begegnet.

Nehmen Sie die Kerze und gehen Sie, im Süden beginnend, um den Baum, wobei Sie etwas sagen wie:

Mit der Wärme des Feuers segne ich diesen Baum,
für unsere Herzenswünsche schaffe es uns Raum.

Nehmen Sie nun die Wasserschüssel und gehen Sie, im Westen beginnend, um den Baum und bespritzen Sie ihn, während Sie etwas sagen wie:

Ein Wassergeschenk will ich Dir nun geben,
Der reinigende Fluß, von dem wir leben.

Nehmen Sie eine Handvoll Salz und gehen Sie, im Norden beginnend, um den Baum, bestreuen Sie ihn und sagen Sie etwas wie:

Der Erde Geschenk geb' ich Dir jetzt,
weil es Liebe verbreitet, wird es geschätzt.

Am Ende umrunden Sie den Baum ein weiteres Mal und sagen:

Von Herzen verleih ich Dir diesen Segen,
Denn Frieden und Mitmenschlichkeit sollst Du hier hegen.
Sei geehrt und gesegnet, lieber Baum,
und breit aus Deine Liebe in diesem Raum.

Wenn Sie Haustiere haben, beenden Sie das Ritual, indem Sie den Baum großzügig mit dem Abwehrmittel einsprühen. Sowohl der Baum als auch Ihre Haustiere werden es Ihnen danken.

Ein Mantel für den Baum

Nachdem der Baum gesegnet ist, ist es Zeit, ihn zu schmücken, oder? Nun, noch nicht ganz. Zuerst braucht er noch eine Manschette. Einen Baum zu schmücken, ohne vorher die Manschette umgelegt zu haben, ist wie seine Accessoires anzulegen, bevor man weiß, was man anzieht: Es funktioniert einfach nicht gut. Und was, wenn Sie keine Baummanschette haben? Kein Problem: Die folgenden Vorschläge werden das Problem schnell und einfach lösen, ohne daß Sie Ihr Lieblingsmittel gegen Kopfschmerzen herauskramen müssen.

Baummanschette

Alte Zeitungen
2 m x 1,5 m Filz
Filzstückchen in verschiedenen Farben
Aufbügelgewebe
Auf Wunsch Perlen, Stickgarn, Zierleisten und andere Verzierungen
Zollstock
Stift

Falten Sie drei Seiten der Zeitung auseinander und kleben Sie sie der Länge nach aneinander. Messen Sie den Umfang des Baumfußes ab und malen Sie mit diesem Maß einen Kreis derselben Größe auf den oberen Teil der Zeitung. Teilen Sie mit dem Stift und dem Zollstock diesen Kreis in vier Viertel auf. Verlängern Sie die Linien der Viertel so weit, wie der Mantel sein soll.

Fügen Sie mit dem Zollstock an jede Längsseite der Viertel etwa 1,5 cm hinzu. Schneiden Sie das Viertel aus und stecken Sie es auf den Filz. Schneiden Sie es aus. Wiederholen Sie den Vorgang dreimal. Nähen Sie die Teile zusammen. Lassen Sie für die Naht etwa 1,5 cm überstehen, oder heften Sie die Stücke nach der Bedienungsanleitung mit dem Aufbügelgewebe zusammen.

Schneiden Sie aus den farbigen Filzstücken weihnachtliche Formen aus und arrangieren Sie sie auf der Manschette. Wenn Ihnen Ihr Arrangement gefällt, kleben oder nähen Sie es auf die Manschette und verzieren Sie sie dann nach Ihren Vorstellungen weiter.

Wenn Sie die Manschette segnen möchten, ist der richtige Zeitpunkt dafür gekommen, wenn Sie sie an den Baum anlegen. Versuchen Sie es mit etwas Einfachem wie:

Abbildungen im Uhrzeigersinn, in der oberen Mitte beginnend: Gekringelte Kugeln, Gefüllte Kugeln, Baummanschette, Glitterkugeln

Mit Dir bekleid ich nun diesen Baum,
Verbreite Frieden und Harmonie in diesem Raum,
Setz frei diese Kräfte und laß sie scheinen
Und sich senken über mich und die Meinen.

Holen Sie jetzt die Schachteln mit dem Schmuck hervor und amüsieren Sie sich. Machen Sie ein Fest daraus! Lachen und singen Sie und genießen Sie den kreativen Fluß, der freigesetzt wird, denn das ist es, worum es bei der Magie geht!

Baumschmuck

Jedes Jahr füge ich meiner Baumschmucksammlung ein paar Teile hinzu. Das vervollständigt nicht nur meine Sammlung, sondern schafft auch neue Erinnerungen und Zauber für die Julfeste, die noch kommen werden. Jedem handgemachtem Schmuckstück in unserem Haushalt wohnt seine eigene Magie in Form eines Zauberspruches inne. Manche beinhalten Wünsche für Gesundheit und Wohlstand, andere uneingeschränkte Liebe und Kreativität. Wieder andere dienen der Freude und Fröhlichkeit.

Schmuck zu segnen macht Spaß und ist einfach – legen Sie einfach Ihre Absicht fest, wenn Sie mit dem Basteln beginnen, und halten Sie sich diese, während Sie basteln, immer wieder vor Augen. Wenn der Schmuck fertig ist, geben Sie ihm eine letzte Segnung, indem Sie etwas sagen, das zu seinem Zweck paßt. Ein einfacher Gesang für ein Schmuckstück, das Gesundheit unterstützen soll, könnte beispielsweise folgendermaßen aussehen:

Bringe allen Gesundheit in diesem Haus,
Laß den Schein Deiner wärmenden Kräfte heraus.

Wenn Ihnen das zusagt, formulieren Sie Ihre Absicht und versuchen Sie, einige der folgenden Schmuckstücke anzufertigen. Sie sind schnell und einfach gemacht und sollten die Kreativität in jedem von uns erwecken.

Gekringelte Kugeln

Durchsichtige Glas- oder Plastikkugeln
1 Dose Silber- oder Gold-Metallic-Sprühfarbe
1 Dose weiße Sprühfarbe
1 Dose Sprühfarbe in gewünschter Farbe
1 Dose Klarlacksprühfarbe
Kleine Schüssel Wasser
Zeitungen
30 cm Bindfaden oder Garn für jede Kugel als Aufhängung

Entfernen Sie die Aufhänger von den Kugeln und fädeln Sie statt dessen den Faden ein. Knoten Sie ihn zu einer Schlaufe, an der Sie die Kugel später zum Trocknen aufhängen können. Legen Sie sie beiseite.

Füllen Sie die Schüssel etwa 10 cm hoch mit Wasser. Beginnen Sie am Rand des Wassers und sprühen Sie weiße Farbe darauf. Bedecken Sie die Wasseroberfläche teilweise und sprühen Sie dann auf dieselbe Weise den Metallic-Lack darüber. Wiederholen Sie den Vorgang mit dem Farblack.

Halten Sie die Glaskugel am Faden fest und drehen Sie sie

vorsichtig in der Schüssel. Es ist wichtig, die Kugel zu drehen: Wenn Sie sie einfach eintauchen, wird der marmorierte Effekt ausbleiben. Entfernen Sie die Kugel und hängen Sie sie zum Trocknen auf. Wiederholen Sie den Vorgang mit den anderen Kugeln.

Wenn die Kugeln trocken sind, besprühen Sie sie mit dem Klarlack. Entfernen Sie die Fäden und setzen Sie die ursprünglichen Aufhänger wieder ein.

Tip: Diese Bastelei macht eine ziemliche Unordnung, also sollten Sie alte Kleidung anziehen und Ihren Arbeitsplatz mit einer dicken Schicht Zeitungspapier belegen, bevor Sie anfangen. Für das bestmögliche Ergebnis hängen Sie die Kugeln zum Trocknen auf.

Gefüllte Kugeln

Durchsichtige Glas- oder Plastikkugeln
Füllung Ihrer Wahl (zum Beispiel Potpourri, kleine Steine oder Muscheln, Kräuter, Stechpalmenblätter und -beeren, kleine Zimtstangen, Schleifen, farbige Zierborte, künstliche Edelsteine, Konfetti oder Wünsche, die auf farbiges Papier geschrieben wurden).

Entfernen Sie die Verschlüsse von den Kugeln und füllen Sie sie mit Ihren Schätzen. Geben Sie acht, nicht zu viel Füllung hineinzugeben – der Aufhänger kann die Kugel nicht mehr halten, wenn sie zu schwer ist. Bringen Sie die Verschlüsse wieder an und hängen Sie sie auf.

Glitterkugeln

Glaskugeln
Weißer Klebstoff
Goldglitter
Papierteller

Entfernen Sie die Verschlüsse von den Kugeln und legen Sie sie beiseite. Streuen Sie großzügig Glitter auf den Papierteller. Malen Sie mit dem Kleber ein Muster auf die Glaskugel. Sie können Ihr eigenes Muster, aber auch Sonnen, Sterne, Stechpalmen oder Rentiere malen. Streuen Sie Glitter darüber, bevor der Kleber trocknen kann. Schütteln Sie überflüssigen Glitter ab und hängen Sie die Kugel zum Trocknen auf. Wenn sie trocken ist, besprühen Sie sie mit Klarlack: So fällt der Glitter nicht von der Kugel herunter.

Abbildungen im Uhrzeigersinn, in der oberen Mitte beginnend: Schneekugeln, Girlanden, Zimt-Apfel-Schmuck, Salzteigschmuck, Kräuter-/Potpourrischmuck, Baumaufsatz zur Begrüßung der Sonne

Kräuter-/Potpourrischmuck

Styroporkugeln (auch Glocken und andere Formen eignen sich)
Potpourri oder getrocknete Kräuter
Nylonschnur
Weißer Klebstoff
Etwa 3,5 cm breiter Pinsel
Lange Nadel (Puppenmachernadeln eignen sich hervorragend)

Schneiden Sie ein Stück von der Nylonschnur ab, das den doppelten Durchmesser der Kugel plus etwa 15 cm lang ist. Falten Sie den Faden in der Mitte und fädeln Sie ein Ende durch die Nadel. Stechen Sie durch die Mitte der Kugel, so daß auf beiden Seiten Faden herabhängt. Entfernen Sie die Nadel und verknoten Sie die losen Enden. Ziehen Sie daran, bis der Faden fest um die Kugel sitzt.

Verteilen Sie mit dem Pinsel Klebstoff auf der Kugel und bedecken Sie sie vollständig mit Kräutern oder Potpourri. Lassen Sie sie trocknen und hängen Sie sie auf.

Salzteigschmuck

200 g Mehl
180 g Salz
100 ml Wasser
Nudelholz
Plätzchenformen

Stift
Abdeckfarbe
Acryl-Klarlackspray
Faden oder Geschenkband

Füllen Sie das Mehl und das Salz in eine Schüssel und rühren Sie langsam Wasser hinzu, bis die Mischung die Konsistenz von Plätzchenteig hat (Wenn Sie zuviel Wasser dazugegeben haben, ist das nicht so schlimm: Schütten Sie einfach mehr Mehl dazu). Streuen Sie Mehl auf Ihre Arbeitsfläche und rollen Sie den Teig aus, bis er eine Dicke von etwa 1,5 cm hat. Stechen Sie mit den Förmchen Ornamente aus und bohren Sie mit dem Stift ein Loch als Aufhängung hinein. Gehen Sie sicher, daß der Stift den ganzen Teig durchbohrt. Backen Sie die Formen auf einem nicht eingefetteten Backpapier bei ca. 120 Grad, bis sie hart und trokken sind – normalerweise etwa eine Stunde. Bemalen Sie sie nach Ihrem eigenen Geschmack mit der Farbe und besprühen Sie sie mit dem Klarlack. Fädeln Sie Geschenkband als Aufhängung durch die Löcher, wenn die Figuren ganz getrocknet sind.

Zimt-Apfel-Schmuck

200 g Apfelkompott (abhängig von der Konsistenz des Kompotts)
100 g Zimt
Plätzchenformen
Geschenkband oder Garn
Bleistift, Eispickel oder Stricknadel
Wachspapier

Vermischen Sie den Zimt und das Apfelkompott zu einem Teig. Rollen Sie ihn aus und stechen Sie mit den Plätzchenformen Ornamente aus. Bohren Sie mit dem Bleistift, dem Eispickel oder der Stricknadel Löcher für die Aufhängung hinein und legen Sie sie für ein oder zwei Tage zum Trocknen auf das Wachspapier. Fädeln Sie dann das Geschenkband oder das Garn als Aufhängung durch das Loch.

Schneekugeln

Styroporkugeln (Größe egal)
Häkelgarn oder Bindfaden
Waschpulver
Silberner oder weißer schillernder Glitter
Puppenmachernadel
Schüssel Wasser
Wachspapier
Zeitung
Gummihandschuhe

Bringen Sie mit der Nadel und dem Faden einen Aufhänger an, wie es in der Anleitung für den Kräuter-/Potpourrischmuck erklärt wurde. Schütten Sie Waschpulver in die Schüssel und geben Sie mit einem Eßlöffel portionsweise Wasser hinzu, bis sich eine dicke Paste ergibt. Die Paste sollte so fest sein, daß sie steht. Geben Sie die Kugel in die Schüssel und bedecken Sie sie großzügig mit der Paste. Legen Sie sie auf das Wachspapier und bedecken Sie sie mit Glitter. Hängen Sie sie auf, wenn sie getrocknet ist.

Tip: Da die Arbeit viel Dreck macht, sollten Sie Ihre Arbeitsfläche mit Zeitungspapier abdecken und Gummihandschuhe überziehen.

Schmücken mit Girlanden

Girlanden sind beim Baumschmuck nicht nur das Tüpfelchen auf dem i, sie stellen auch eine Form von Schutz dar, da sie den Baum in einer ununterbrochenen Linie umschließen. Segnen Sie Ihre Girlanden, indem Sie singen, während Sie an ihnen basteln. Ein passender Gesang könnte etwa folgendermaßen lauten:

Ich binde Schutz mit in Dich ein,
So wie ich es sage, soll es so sein.

Girlanden

Schwerer Faden (auch Zahnseide ist geeignet)
Scharfe Nadel mit einem großen Öhr
Preiselbeeren, Sonnenblumensamen, Eicheln oder Fertigpopcorn

Da das Basteln von Girlanden nur daraus besteht, mit Nadel und Faden Gegenstände aneinanderzureihen, ist keine wirkliche Anleitung notwendig. Sie sollten aber die Länge des Fadens bedenken: Sie können Knoten und Verhedderungen verhindern, indem Sie mit 1 m langen Fäden arbeiten. Später können Sie sie zu einem nahtlosen Stück zusammenknoten.

Viele Leute fertigen keine Girlanden an, weil Sie sie im nächsten Jahr nicht wiederverwenden können. Für Menschen, die Magie ausüben, ist das allerdings ein zusätzlicher Anreiz. Wenn der Baum abgeschmückt wird, kann man die Girlanden in Stücke schneiden und draußen für die Vögel an Bäume oder den Gartenzaun hängen: Sie wissen diese Magie des Gebens zu würdigen.

Tip: Wenn Sie Sonnenblumenkerne oder Eicheln verwenden, weichen Sie sie über Nacht in warmem Wasser ein, bevor Sie mit dem Basteln beginnen. Das weicht die Schalen auf und erleichtert das Durchstechen.

Baumaufsatz zur Begrüßung der Sonne

Große Styroporkugel (10 bis 15 cm Durchmesser)
Mehrere Packungen runde Zahnstocher
Goldene Sprühfarbe
Großer Holzstab
Wahlweise Goldglitter

Bohren Sie zuerst mit dem Holzstab ein Loch in die Mitte der Kugel. Drücken Sie den Stab durch etwa 3/4 der Kugel und ziehen Sie ihn dann wieder heraus. Mit diesem Loch wird der Baumaufsatz später am Baum angebracht.

Bedecken Sie die Kugel mit den Zahnstochern. Drücken Sie sie so weit in die Kugel, daß etwa 4/5 der Zahnstocher aus der Oberfläche der Kugel herausragen. Besprühen Sie den Aufsatz mit der Goldfarbe. Damit er besonders glänzt, können Sie Glitter darüber streuen, solange die Farbe feucht ist.

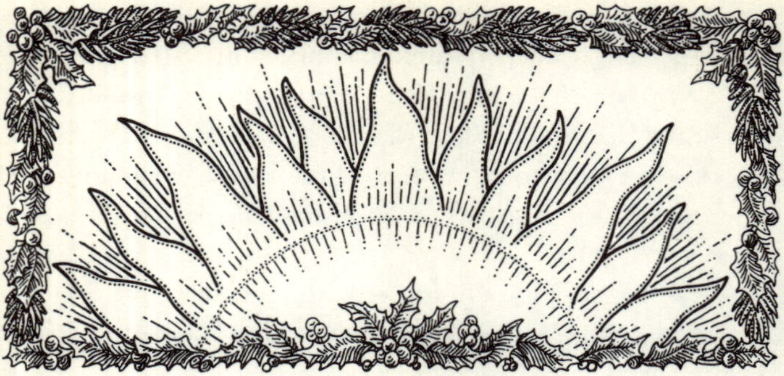

11

Weihnachtskarten

Der Baum und das Haus sind jetzt also geschmückt, und es ist Zeit, sich zurückzulehnen, oder? Nun, vielleicht für manche! Für mich ist das das Zeichen, meine Weihnachtskartenliste herauszukramen und den nächsten Punkt im Programm in Angriff zu nehmen! Mittlerweile genieße ich das Schreiben von Weihnachtskarten sehr, früher aber stellte es ein echtes Problem für mich dar: Es ist zwar nicht schwer, die Karten zu schreiben, zu adressieren und zu frankieren, aber welche zu finden, die mir gefielen, war durchaus problematisch. Die meisten in Geschäften erhältlichen Karten waren mit Weihnachtsgrüßen versehen, und da ich Heidin bin, waren sie einfach nicht geeignet. Wenn Ihr Glaube oder Glaubenssystem nichtchristlichen Ursprungs ist, werden Sie diese Probleme wohl kennen.

Was also ist die Lösung?

Wenn Sie möchten, können Sie es natürlich so halten, wie ich es viele Jahre lang getan habe, und mehrere Stunden damit verbringen, Kartenständer zu durchsuchen – oder Sie können leere Karten nehmen und mit einer guten Portion Kreativität Ihre eigenen herstellen. Karten zu entwerfen muß kein Problem sein. Wenn Sie einen Computer besitzen, stehen die Chancen gut, daß auf der Festplatte bereits ein entsprechendes Designprogramm vorhanden ist. Nun müssen Sie sich nur noch für den Text und ein Bild entscheiden, und mit einigen Mausklicks ist die Sache erledigt.

Aber auch wenn Sie keinen Computer besitzen, besteht kein Grund zur Beunruhigung: Schreiben Sie einfach den Text in die Karte und lassen Sie sie von Ihren Kindern verschönern. Es ist verblüffend, was Kinder mit ein paar Wachsmalkreiden oder Filzstiften zu Stande bringen. Abgesehen davon bietet sich hier eine willkommene Möglichkeit, Ihre Nerven zu schonen und sich Streß zu ersparen: Solange Ihre Kinder beschäftigt sind, müssen Sie sich kein »Mir ist langweilig«- oder »Es ist zu kalt, um draußen zu spielen«-Genörgel anhören und können sich etwas Freiraum schaffen – den Freiraum, den Sie brauchen, um all Ihren anderen Festtagsverpflichtungen nachzukommen.

Sie haben weder einen Computer noch Kinder? Auch kein Problem: Versuchen Sie es mit Schablonen mit festtäglichen Motiven und Abdeckfarbe, oder bringen Sie Plätzchenformen mit ins Spiel (Bäume, Sterne und dergleichen). Fahren Sie die

Umrisse mit einem Stift auf alten Schwämmen nach und schneiden Sie sie mit der Schere aus. Feuchten Sie sie mit Wasser an, tauchen Sie sie in die Farbe und drücken Sie sie leicht auf die Vorderseite der Karten.

Eine weitere Möglichkeit sind Schneeflockenkarten: Nehmen Sie ein quadratisches Stück Papier und falten Sie es diagonal zu einem Dreieck. Legen Sie nun das Dreieck mit der flachen Spitze nach oben und falten Sie die beiden unteren Spitzen nach oben, so daß sie nebeneinander genau auf der oberen Spitze liegen. Falten Sie das entstandene Viereck nun in der Mitte, entlang der Linie, auf der die beiden hochgefalteten Ecken aufeinandertreffen, nach hinten um. Schneiden Sie nun eine dreieckige Form aus der offenen Seite des Dreiecks und Muster aus den Seiten. Öffnen Sie die Schneeflocke und kleben Sie sie auf eine farbige kartonierte Karte.

Wenn das Ihnen zu viel Aufwand ist, suchen Sie das nächste Schreib- und Bastelwarengeschäft auf. Dort finden Sie sicher eine große Auswahl an themenverwandten Aufklebern, Gummistempeln und farbiger Tinte. Diese kleinen Hilfsmittel können nicht nur schnell Ihre Probleme lösen, man kann auch wunderschöne Weihnachtskarten mit ihnen herstellen, Karten, die eine besondere Bedeutung für Sie und alle auf Ihrer Weihnachtskartenliste haben.

Teil 3

Schenken, feiern und schlemmen

Sonnwendtanz

Geschenkpapier und Bänder tanzen in den Raum
Und wiegen sich zu Festtagsklängen wie im Traum
Tanzen wirbelnd Walzer und dreh'n sich herum
Singen von Frieden und Freude – welch schönes Gesumm!

Auch die Geschenke, mit Liebe verpackt, tanzen umher
Auf die Zeit mit jenen freu'n sie sich sehr,
Die sie erhalten sollen an diesem schönen Tag
Auf daß das Leben hell und fröhlich werden mag

Dann kommen heraus Scheren, Klebstoff und Band
Glocken, Mistelzweig, all der schöne Tand
Ein Schnitt hier und da, Seidenschleife und Knoten
Bis morgen ist der Blick unter den Baum noch verboten

Ganz früh steh'n dann all die Kinder auf
Noch vor der Dämm'rung freu'n sie sich drauf
Sie eilig und freudig auszupacken
Rufen »Vielen, vielen Dank!« mit roten Backen

DOROTHY MORRISON

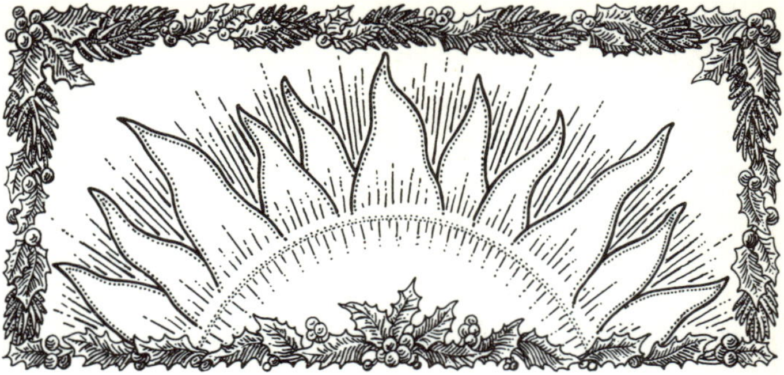

12

Jul-Geschenke: Schnell und leicht gemacht

Ganz gleich, wie Sie die Winterfeiertage zelebrieren, Geschenke sind bestimmt ein wesentlicher Bestandteil davon. Wenn Sie ein wenig so sind wie ich, dann beabsichtigen Sie bestimmt auch jedes Mal, früh damit anzufangen, Ihre Geschenke zu besorgen, schaffen es dann aber doch nicht rechtzeitig. Das führt dazu, daß Sie sich Ihren Weg durch überfüllte Einkaufzentren und Geschäfte bahnen müssen, in der Hoffnung, für alle das perfekte Geschenk zu finden. Wenn Sie dann alles besorgt haben und schon erleichtert ausatmen wollen, geschieht das Unvermeidliche: Sie stellen fest, daß Sie jemanden vergessen haben und daß nur wenig bzw. keine Zeit bleibt, um den Fehler wieder auszugleichen. Was tun? Versuchen Sie es mit einer dieser Geschenkideen:

- Schenken Sie einen Gutschein. Mit diesen kleinen, wundervollen Geschenken bekommt der/die Beschenkte genau das, was er/sie sich wünscht, und er/sie muß nicht in einer der langen nachweihnachtlichen Umtauschschlangen anstehen.
- Lassen Sie das Horoskop oder eine numerologische Analyse des zu Beschenkenden erstellen. Dies ist ein besonderes Präsent, das fast jedem eine Freude bereitet. Wenn Sie nicht wissen, an wen Sie sich dafür wenden sollen, versuchen Sie es mit Ihrem Lieblings-Esoterik-Laden oder konsultieren Sie das Internet.
- Schenken Sie ein Aromatherapie-Set. Sie können in fast jeder größeren Drogerie welche finden. Ein Aromatherapie-Set ist etwas, das der Beschenkte das ganze Jahr über benutzen kann.
- Wenn das Geld knapp ist, schenken Sie Gutscheine für persönliche Gefallen. Sie können schenken, was Sie möchten. Zu meinen persönlichen Favoriten gehören: ein Tag Hausarbeit, ein Supermarkteinkauf und zwei Stunden Besorgungen machen. Wenn Sie gut massieren, Tarotkarten lesen oder sonst eine Fähigkeit haben, stellen Sie darüber einen Gutschein aus.

Wenn Sie etwas wirklich Besonderes schenken möchten, etwas mit einer persönlichen Note, etwas, daß garantiert zu Freude bei dem/der Beschenkten führt, dann probieren Sie es mit einem der folgenden Geschenke. Sie erfreuen bestimmt und sind schnell und kinderleicht anzufertigen.

Stimmungsaufhellende Duftorange

1 Orange
1 m langes Geschenkbank in einer Farbe Ihrer Wahl
2 Packungen Nelken
Heftklammern
Bleistift

Ziehen Sie mit dem Bleistift eine Linie rund um die Orange von oben nach unten und von unten wieder nach oben. Ziehen Sie in der Mitte dieser Linie einen weiteren horizontalen Strich rund um die Orange. Sie müßten jetzt die Orange in vier gleichgroße Segmente aufgeteilt haben. Legen Sie das Band über die horizontale Linie, führen Sie die Enden zusammen und fixieren Sie sie mit einer Heftklammer. Schneiden Sie dann das Band ab. Legen Sie das Band über die vertikale Linie, fügen Sie ca. 40 cm Band hinzu und schneiden Sie es dann ab. Falten Sie das Band in der Mitte, so daß die Falte sichtbar bleibt. Befestigen Sie das Band an der gefalteten Stelle mit einer Heftklammer an der untersten Stelle der Orange. Heften Sie das Band nach und nach rund um die Orange, entlang der vertikalen Linie. Oben angekommen, machen Sie einen Knoten.

Stecken Sie die spitzen Enden der Nelken in die Orange, so daß die vier Bereiche ganz damit bedeckt sind. Binden Sie mit den beiden Bändern eine Schleife. Segnen Sie die Duftorange mit folgendem Spruch:

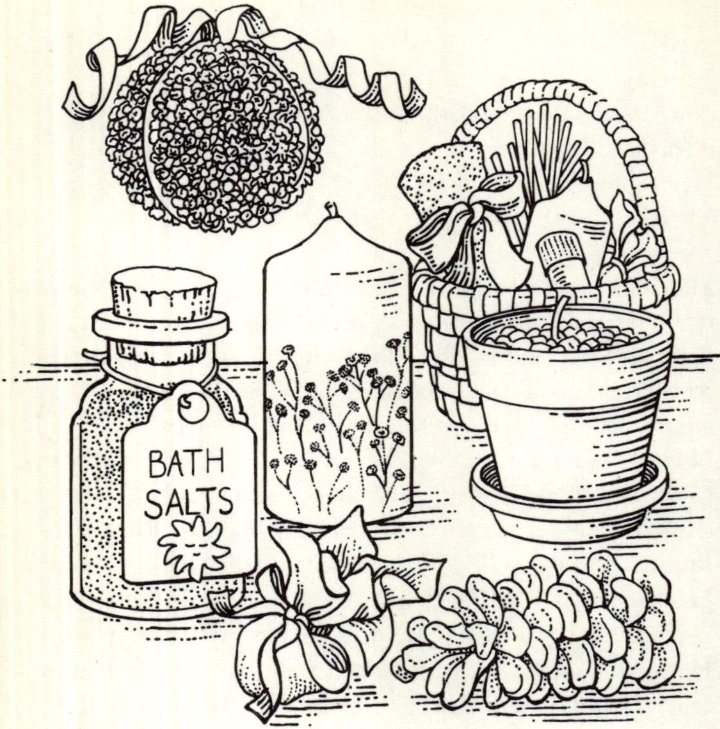

Abbildungen im Uhrzeigersinn, rechts oben beginnend: Zauberset, Blumentopfkerze, brandbeschleunigende Kieferzapfen, Kerzen mit gepreßten Blumen und Kräutern, Kräuter-Energie-Säckchen, Badesalz, stimmungsaufhellende Duftorange

Sonnenorange, berauschender Duft,
Verbreit' in jedem Raum eine gute Luft,
Schenk jedem, der hier ist, Freude und Wonne
Und ein schönes Leben, so hell wie die Sonne.

Brandbeschleunigende Kieferzapfen

1 halbes kg Paraffin
Kerzen-Duftstoff mit Lebkuchen- oder Zimtaroma
Kerzenfarbe
Kieferzapfen
Kochtopf
Kaffeekanne
Zange
Wachspapier
Zeitungen

Füllen Sie den Kochtopf zu einem Drittel mit Wasser. Erhitzen Sie es bei mittlerer Flamme. Geben Sie das Paraffin in die Kaffeekanne und stellen Sie die Kanne in das Wasserbad. Warten Sie, bis das Paraffin gänzlich geschmolzen ist. (Während das Wachs schmilzt, können Sie die Arbeitsfläche dick mit Zeitungspapier auslegen. Schließen Sie mit einer Schicht Wachspapier ab.) Nehmen Sie das geschmolzene Wachs von der Herdplatte und fügen Sie den Kerzen-Duftstoff hinzu.

Tauchen Sie die Kieferzapfen nacheinander mit der Zange in das flüssige Wachs. Sagen Sie jedes Mal etwas wie:

Entzünde Julfeuer, so daß sie brennen hell,
Laß scheinen und aufsteigen die Sonne schnell,
Hoch oben soll sie leuchten am Firmament,
Sie, die auch in uns'ren Seelen brennt.

Lassen Sie das überschüssige Wachs abtropfen und legen Sie die Kieferzapfen zum Härten auf das Wachspapier.

Badesalze

Verschließbare Plastikbeutel
Steinsalz oder Bittersalz
Ein ätherisches Öl Ihrer Wahl (sonnige Zitrus-Düfte duften zur Jul-Zeit besonders schön)
Lebensmittelfarbe
Flaschen oder Marmeladengläser mit Schraubdeckel

Füllen Sie einen verschließbaren Plastikbeutel zu 3/4 mit Steinsalz. Fügen Sie das ätherische Öl Tropfen für Tropfen hinzu – Sie können auch mehrere Öle mischen –, bis Sie den gewünschten Duft erreicht haben. Fügen Sie einige Tropfen Lebensmittelfarbe hinzu, verschließen Sie den Beutel und schütteln Sie die Mischung kräftig. Wenn Sie mehrfarbige Badesalze bevorzugen, mischen Sie zwei bis drei Tropfen einer anderen Farbe hinzu und schütteln Sie den Beutel nochmals. Öffnen Sie die Tüte und sprechen Sie einen passenden Zauberspruch. Wenn Sie vom Winter verursachte Schmerzen und Wehwehchen mit wintergrünen Salzen vertreiben wollen, eignet sich der folgende Spruch gut:

Badesalz mit entspannendem Duft,
Lege Ruhe und Frieden in die Luft;
In Muskeln und Gliedern linderst Du Schmerz
Und erfreust (Name der Person)s Körper und Herz.

Füllen Sie das Salz in Flaschen oder Marmeladengläsern ab, verschließen Sie sie und beschriften Sie sie.

Kräuter-Energie-Säckchen

10 cm^2 große Stoffquadrate in unterschiedlichen Farben und Mustern
Zimt
Piment
Nelken
Ingwer
50 mm dickes Geschenkband

Mischen Sie die Gewürze in einer kleinen Schüssel, bis Ihnen der Duft, den die Mischung verströmt, gefällt. Setzen Sie je einen Teelöffel in die Mitte jedes Stoffquadrats. Führen Sie die Ecken eines jeden Quadrats zu einem Säckchen zusammen und binden Sie mit dem Band eine Schleife darum. Segnen Sie die Säckchen, indem Sie einen Zauberspruch wie diesen sprechen:

Feuer des Gewürzes, Feuer der Sonne,
Vertreibe Traurigkeit, verbreite Wonne,
Leg' in Deine Düfte sie
Und schenke (Name der Person) Energie.

Kerzen mit gepreßten Blumen und Kräutern

Große Stumpenkerze(n) in Farben Ihrer Wahl
Gepreßte Blumen und Kräuter mit magischer Wirkung Ihrer Wahl (in Bastelgeschäften erhältlich)
2 Paraffin-Blocks
Einen 2,5 cm dicken Farbpinsel
Wachspapier

Legen Sie die Arbeitsfläche mit gewachstem Papier aus, schmelzen Sie dann das Paraffin, wie weiter oben bei den Kiefernzapfen beschrieben. Legen Sie die gepreßten Blumen und Kräuter auf die Kerze(n), tauchen Sie den Pinsel in das Paraffin und streichen Sie über die Kerzenoberfläche. Um Tropfen auf der Kerze zu entfernen, tauchen Sie den Pinsel nochmals in das flüssige Paraffin, streichen Sie den Pinsel ab und streichen Sie nochmals über die Kerze.

Segnen Sie die Kerzen, während sie trocknen. Ein geeigneter Zauberspruch für eine Kerze wäre zum Beispiel einer zur Verbesserung der Gedächtnisleistung:

Erinnerung fließe und diene (Name der Person) gut,
Damit er/sie nicht vergesse, was er/sie sagt, lernt, denkt, tut.
Hilf ihm/ihr, sein/ihr Wissen nicht zu verlieren
Und alles Wichtige zu memorieren.

Blumentopf-Kerze

1 Terra-Cotta-Blumentopf mit 10 cm Durchmesser
1 Terra-Cotta-Untersatz für den Blumentopf
1 Tüte Wachs-Potpourri in einem Duft Ihrer Wahl
1 Kerzendocht und Dochthalter (in Bastelgeschäften erhältlich)

Ziehen Sie den Docht durch das Entwässerungsloch im Blumentopf, so daß der Dochthalter bündig mit dem Boden des Blumentopfes abschließt. Stellen Sie den Blumentopf kopfüber auf den Untersatz. Halten Sie den Docht gespannt in der Mitte des Topfes, während Sie ihn zu 3/4 mit Wachswürfeln füllen. Sprechen Sie einen passenden Segen, während Sie den Blumentopf füllen. Der folgende Spruch könnte sich auf eine Gagelstrauchfrucht-Kerze, die zu Reichtum des/der Beschenkten führen soll, positiv auswirken:

Verbreite überall Deinen Duft
Und lege Wohlstand in die Luft,
Zieh Geld von allen Seiten an,
Zieh durch Dein Licht es in Deinen Bann.

Kürzen Sie den Docht, wenn erforderlich.

Zauberset

1 Körbchen
1 Kerze entsprechend dem magischen Zweck
1 Fläschchen Öl entsprechend dem magischen Zweck

Einige Räucherstäbchen oder -kegel entsprechend dem magischen Zweck
Kräuter, Steine und Symbole entsprechend dem magischen Zweck
Geschenkband in einer Farbe, die dem magischen Zweck entspricht
Papier
Kugelschreiber
Farbiges Zellophan

Ordnen Sie die Kerze, das Öl, die Räucherkerzen und die übrigen Gegenstände hübsch in dem Körbchen an. Schreiben Sie dann eine Anleitung und einen Zauberspruch auf ein Stück Papier. Folgender Spruch eignet sich beispielsweise gut, um Glück herbeizuführen:

Fortuna, die Göttin des Glückes Du bist,
Wendest alles zum Guten, wenn's möglich ist.
Bring mit diesem Zauberspruch (Name der Person) Glück,
Laß es fließen, schenk davon auch (Name der Person) ein Stück.

Rollen Sie das Papier zusammen und binden Sie eine Schleife darum. Verpacken Sie das gefüllte Körbchen mit Zellophan und einer Schleife.

Abbildungen im Uhrzeigersinn, rechts oben beginnend: Sonnenpulli, Blühender Blumenzwiebel-Garten, Duftende Untersetzer, Wellness-Korb, Räucherstäbchen-Set, Kräutertee-Set, Potpourri-Lampe, Küchenkranz

Räucherstäbchen-Set

1 sauberer Chips-Behälter (z. B. Pringles) mit Plastik-Deckel
Geschenkpapier mit Himmelskörpern (z. B. Monde, Sterne, Sonnen)
Klebstoff
Geschenkband (optional)
Mehrere Dutzend Räucherstäbchen
Gummiringe
Kleine Papierstreifen

Messen Sie die Länge und den Durchmesser des Chips-Behälters. Schneiden Sie anschließend ein passendes Stück Geschenkpapier dafür aus und umwickeln Sie den Chips-Behälter damit. Kleben Sie die Enden des Papiers an dem Behälter fest. Wenn Sie möchten, kleben Sie je ein Stück Geschenkband um das obere und das untere Ende des mit Geschenkpapier beklebten Behälters. Umwickeln Sie Bündel von gleichduftenden Räucherstäbchen mit Gummiringen und beschriften Sie die Papierstreifen entsprechend. Befestigen Sie die beschrifteten Papierschnitzel, indem Sie sie unter das jeweilige Gummiband klemmen. Verschließen Sie das Räucherstäbchen-Set mit dem Deckel und segnen Sie es beispielsweise mit folgendem Gedicht:

Mächtige Luft, gib diesen Düften Segen,
Ihre Kraft in den Zauber soll'n sie legen
Und bringen alle Magie zusammen,
Wenn entzündet sie werden in des Feuers Flammen.

Duftende Untersetzer

½ Meter Stoff (1 Meter breit)
½ Meter Quilt-Watte (zur Not geht auch Haushaltswatte)
Nadel und Faden
Zickzackschere
Stecknadeln
Getrocknete duftende Gewürze und Kräuter (z. B. Nelken, Zimt, Piment, Lavendel, Zitronenmelisse)

Schneiden Sie das Stoffstück mit der Zickzackschere in 15 cm große Quadrate. Schneiden Sie anschließend die Quilt-Watte in 14 cm große Quadrate. Streuen Sie einen Teelöffel der Gewürz-Kräuter-Mischung auf die Hälfte der Quilt-Watte-Quadrate und bedecken Sie anschließend jedes davon mit einem weiteren Quilt-Watte-Quadrat. Nähen Sie die beiden mit der Gewürz-Kräuter-Mischung gefüllten Quilt-Watte-Quadrate lose zusammen. Legen Sie die so entstandenen Kissen zwischen je zwei Stoff-Quadrate und stecken Sie diese mit Stecknadeln fest. Nähen Sie die beiden Stoffquadrate dann an allen vier Seiten zusammen (mit einem 1 cm breiten Saum). Um sie zu segnen, sagen Sie dabei etwas wie:

Kräuterkissen, unter den Tassen,
Die die Menschen auf Dir stehenlassen,
Sollst Du auch tragen Freude und Glück,
Schenk davon jedem, der Dich nutzt, ein Stück.

Kräutertee-Set

Getrocknete Kräuter (z. B. Kamille, Himbeerblätter, Zitronenmelisse, Pfefferminze, Mischungen aus Rosenblüten, Lavendel und aus Zimt und Orangenschale)
Leere Teebeutel
Teetasse
Kleine Kuverts oder verschließbare Plastikbeutel
1 Bogen farbiges Zellophan
Geschenkband

Versehen Sie zuerst die Kräuter oder Mischungen mit den gewünschten Eigenschaften. Wenn Sie Zimt und Orangenschale verzaubern möchten, sagen Sie zum Beispiel:

Gebraut zu Tee, Orange und Zimt
Bringen sie Stärke und Kraft bestimmt.

Wenn Sie alle Kräuter gesegnet haben, füllen Sie je zwei bis drei Teelöffel davon in die Teebeutel und verschließen Sie sie wie auf der Packungsanleitung vorgesehen. Geben Sie sie in die Kuverts und beschriften Sie diese entsprechend. Stellen Sie die Teetasse in die Mitte des Zellophanbogens und füllen Sie sie mit den Kuverts. Raffen Sie das Zellophan über der Tasse zusammen und binden Sie eine Schleife darum. Segnen Sie das Kräutertee-Set, bevor Sie es verschenken, indem Sie etwas sagen wie:

Kräutermischung, duftender Tee,
Bring' Freude und Spaß und vertreib alles Weh

Von jenen, die trinken Eure Macht
Aus dem Becher, der zu diesem Zweck gedacht.

Küchenkranz

Drahtring in gewünschter Größe
Blumendraht
Zimtstangen
Lorbeerblätter
Zweiglein von Küchenkräutern (z. B. Rosmarin, Thymian, Salbei, Petersilie, Lavendel, Zitronenmelisse, Minze)
Drahtzange
Geschenkband
Plätzchenformen, Meßlöffel und weitere Küchenutensilien (optional)

Winden Sie ein kleines Stück Draht um die Stengel von drei bis vier Kräuter-Zweiglein und befestigen Sie das Bündel mit dem restlichen abstehenden Draht auf dem Drahtring. Wiederholen Sie den Vorgang und bringen Sie das nächste Kräuterbündel neben dem ersten auf dem Drahtring an. Fahren Sie so fort, bis der gesamte Drahtring mit Kräuterbündeln versehen ist. Verdecken Sie kahle Stellen mit Zimtstangen. Bringen Sie dann Plätzchenformen, Meßlöffel und andere Küchenutensilien an dem Kranz an. Binden Sie dann eine Schleife darum.

Tip: Weichen Sie die Küchenkräuter eine Stunde lang in Wasser ein, bevor Sie zu basteln beginnen, dann können Sie leichter damit arbeiten.

Um den Kranz zu segnen, singen Sie etwas wie:

O, Kreis aus Kräutern und Freuden der Küche,
Verbreite guten Geschmack und Gerüche,
Verzaub're zur Köstlichkeit jedes Gericht,
Leg ein Lächeln auf der Esser Gesicht.

Wellness-Korb

350 g koscheres Salz
240 g pflanzliches Öl
3 Teelöffel Backpulver
3 Vitamin-E-Kapseln
1 Teelöffel getrocknete Kamille
1 Teelöffel getrockneter Lavendel
1 Teelöffel getrockneter Rosmarin
Marmeladenglas mit Schraubverschluß
Luffa-Schwamm und/oder andere Badeschwämme
Körbchen
Geschenkband
Farbiges Zellophan

Zermahlen Sie die Kräuter mit einer Küchenmaschine, einem Mixer oder Mörser und vermischen Sie sie gut mit dem Salz und dem Backpulver. Schneiden Sie die Vitamin-E-Kapseln auf und lassen Sie den Inhalt in die Mischung laufen. Fügen Sie das Öl hinzu und rühren Sie gut um, während Sie etwas singen wie:

Kräuter und Gewürze Ihr,
Arbeit mit Euch mach' ich mir,
Gemeinsam sollt Ihr dem Winter trotzen,
Wer Euch nutzt, soll vor Kräften strotzen.

Füllen Sie die fertige Mischung in das Glas und verschließen Sie es mit dem Deckel. Legen Sie das Glas in das Körbchen und dekorieren Sie die Schwämme darum. Legen Sie ein Zettelchen mit folgender Anwendungsempfehlung in das Körbchen: »Auf nasse, saubere Haut auftragen, mit kreisenden Bewegungen einmassieren und anschließend mit Wasser abspülen.« Verpakken Sie das Körbchen mit Zellophan und einer Schleife.

Blumenzwiebel-Garten

1 flacher Terra-Cotta-Blumentopf
1 Terra-Cotta-Untersatz für den Blumentopf (gleicher Durchmesser)
6–7 gemischte Blumenzwiebeln
Blumenerde
Bastelfarben
Pinsel
Geschenkband (optional)

Bemalen Sie den Blumentopf und die Außenseite des Untersatzes bunt. Sie können sie beispielsweise mit Sonnen und Monden, Runen oder anderen magischen Symbolen verzieren. Lassen Sie Topf und Untersatz anschließend gut trocknen.

Wenn die Farbe getrocknet ist, füllen Sie den Topf mit Blumenerde. Pflanzen Sie die Blumenzwiebeln in die Blumenerde, so daß die oberen Hälften herausstehen und einander berühren. Wässern Sie die Erde großzügig und binden Sie, wenn Sie möchten, anschließend eine Schleife um den Blumenzwiebel-Garten. Verschenken Sie ihn mit folgendem Spruch:

Dieser Topf voll Knollen verkündet die Geburt der Sonne,
Die hellen Tage von Wärme, Licht, Freude und Wonne,
So wie sie sprießen, soll die Sonne gedeihen
Und uns ihr strahlendes Leuchten verleihen.
Oben am Himmel wird sie bald stehen
Und dieser Knollen Blüten sehen.

Potpourri-Lampe

1 großes Glas
1 durchsichtige Lichterkette mit 20 Mini-Lampen (ohne Stecker)
1 15–20 cmgroßes Häkeldeckchen (in Bastelgeschäften erhältlich)
1 große Tüte Potpourri mit roten und grünen Elementen
Ätherisches Öl Ihrer Wahl (optional)
50 mm breites Geschenkband

Legen Sie die Lichterkette in einer Aufwärtsspirale in das Glas. Füllen Sie es mit Potpourri und fügen Sie einige Tropfen ätherisches Öl hinzu, das Ihrem magischen Zweck entspricht. Belegen Sie die Lampe, während Sie das Duftöl hinzufügen, mit folgendem Zauberspruch:

Auf buntes Holz gebettet seid Ihr,
Ihr Kräuter, bitte dienet mir,
Bringt (magische Absicht) im Sonnenlicht;
Ich danke Euch, enttäuscht mich nicht.

Fädeln Sie das Band durch die größeren Öffnungen im Häkeldeckchen. (Sie sollten kreisförmig, etwa 10 cm vom Mittelpunkt des Deckchens entfernt, angeordnet sein.) Legen Sie das Deckchen auf die Glasöffnung und verschließen Sie sie, indem Sie mit dem Band eine feste Schleife darum binden.

Sonnenpulli

1 Baumwoll-Pulli
Textilfarben und -pinsel oder wasserfeste Marker
Dicke Pappe oder Styroporplatte (groß genug, um sie in den Pullover einzulegen und diesen somit während des Bemalens und Trocknens gestreckt zu halten)
Sonnen-Bügelbild

Legen Sie die Pappe in den Pulli und legen Sie das Sonnen-Bügelbild auf die Vorderseite des Pullovers. Bügeln Sie es auf, wie es in der Packungsanweisung empfohlen wird. (Wenn Sie künstlerisch begabt sind, können Sie natürlich auch auf das Bügelbild verzichten und selbst eine Sonne entwerfen und auf den Pulli malen.) Schreiben Sie anschließend Folgendes unter das Bild:

Willkommen heißen wir die neugeborene Sonne,
Das leuchtende Licht der irdischen Wonne
Wärm' uns auf und schenk' uns Leben,
Begleite uns auf all unseren Wegen.

Abbildungen im Uhrzeigersinn, in der oberen Mitte beginnend: Patchwork-Ei, Vogeltränke, Spitzen-Täschchen, Hundehalsband für die Festtage, Katzen-Leckerlis, Hundekuchen, Erdnußbutter-Vogelfutter, Hexenleiter

Hexenleiter

1 m rote Satin-Kordel
1 m weiße Satin-Kordel
1 m schwarze Satin-Kordel
9 verschiedenfarbige Federn

Legen Sie die Kordeln übereinander und machen Sie einen Knoten, er sollte ca. fünfzehn Zentimeter von ihren Enden entfernt sein. Flechten Sie die Kordeln, um die Macht der Drei-Phasen-Göttin zu entfalten, und sagen Sie dabei etwas wie:

Mädchen, Mutter, altes Weib,
diesen Schnüren Eure Mächte verleiht,
in diesen Zauberspruch legt Eure Magie;
Ich bitte Euch und vergess' es Euch nie

Hören Sie auf zu flechten, wenn Sie ca. fünfzehn Zentimeter von den Kordelenden entfernt sind, und stecken Sie eine Feder zwischen die Kordeln, die Sie in der Hand halten. Binden Sie einen festen Knoten um die Feder und verstärken Sie die Kraft der Federfarbe mit einem Zauberspruch. Bei einer roten Feder eignet sich beispielsweise der folgende Spruch:

Mit dieser Feder geb' ich Dir Feuer
Und Liebe und Hingabe, denn Du bist mir teuer.

Bei einer grünen Feder können Sie beispielsweise Folgendes sagen:

Wohlstand will ich nun verschenken;
Den, der dies erhält, sollst Du damit bedenken.

Sie sehen, was ich meine. Die Zaubersprüche müssen nicht besonders originell oder wirkungsvoll sein, es geht vielmehr darum, mit ihrer Hilfe eine Botschaft an das Universum zu schicken.

Fahren Sie weiter so fort, bis alle neun Federn in gleichen Abständen verarbeitet worden sind. (Wenn Sie befürchten, die Federn könnten sich lösen, befestigen Sie sie doch einfach mit ein wenig Klebstoff.) Segnen Sie die Hexenleiter, indem Sie etwas sagen wie:

Mutter, altes Weib und junge Maid,
Meinen Plänen ihre Erfüllung verleiht;
Schenkt diesem Zauberspruch Euren Segen,
Denn (Name der Person) wird seine/ihre Hoffnung hineinlegen.

Spitzentäschchen

1 kleines Häkeldeckchen
1,5 cm – breites Geschenkband

Fädeln Sie das Band durch die gleichmäßig verteilten Löcher am Rande des Deckchens. Wenn Sie einmal rundherum gefädelt haben und sich der Kreis schließt, hören Sie nicht auf damit, sondern fädeln Sie weiter, bis Sie an der Stelle gegenüber der, wo Sie das Band ursprünglich eingefädelt haben, angekommen sind. Ziehen Sie sanft an dem Band, bis beide Teile gleich lang sind. Ziehen Sie dann fest an den losen Enden des Bandes, bis Sie ein kleines Täschchen in Händen halten. Lassen Sie die Bandenden lose hängen oder binden Sie damit eine Schleife.

Füllen Sie das Täschchen nun mit Steinen, Federn, Muscheln etc. und singen Sie dabei etwas, das Ihrem magischen Zweck entspricht. Ein Spitzentäschchen, das Glück bringen soll, kann beispielsweise mit folgendem Zauberspruch belegt werden:

Was ich hier einfülle, jedes Stück,
Soll herbeihol'n von überall das Glück.
Die Mischung soll die Kraft verstärken,
Und nur Gutes soll sein in Deinen Werken.

Patchwork-Ei

1 Plastikei, bestehend aus 2 Hälften
1 spitzer Nagel
Eine Auswahl an dünnen Stoffresten, Borten, Spitzen und Zierleisten
Textilkleber
20 cm langes Geschenkband
Feuerzeug
Schere

Ziehen Sie die beiden Ei-Hälften auseinander. Erhitzen Sie die Spitze des Nagels mit dem Feuerzeug. (Seien Sie vorsichtig, verbrennen Sie sich nicht!) Durchstoßen Sie die Spitze der oberen Ei-Hälfte mit dem Nagel, bis ein Loch entsteht. Kleben Sie Stoffreste über beide Ei-Hälften, bis sie vollständig bedeckt sind. Die Stoffetzen können sich ruhig überlappen. Kleben Sie Borte, Spitze und Zierleisten über die Stellen, an denen sich die einzelnen Stoffe treffen. Lassen Sie Ihr Ei gut trocknen und durchstoßen Sie dann den Stoff, der das Loch in der oberen Ei-Hälfte bedeckt, mit der Nagelspitze. Falten Sie das Band in der Mitte, legen Sie die beiden Enden übereinander und machen Sie einen Knoten, der ca. 7,5 Zentimeter von den Enden entfernt ist. Ziehen Sie die Schlaufe durch das Loch und machen Sie einen weiteren Knoten in der oberen Ei-Hälfte, um die Schlaufe zu fixieren. Füllen Sie das Ei mit Duftkissen, Säckchen mit Badesalzen oder anderen kleinen Geschenken und versehen Sie es mit einem Zettel, auf dem etwas steht wie:

Eier, Symbole des endlosen Lebens,
Der Geburt und des Sterbens, des Nehmens und Gebens,
Wie dem, das ich mit den Freunden teile
Und von dem ich wünsche, daß es verweile,
So schenk ich Dir dies, ist es leer, füll' es neu
Und gib's einem Freund, damit der sich erfreu'.

Katzen-Leckerlis

Katzenminze (1 Eßlöffel für jedes Leckerli)
Nähgarn
10 cm große Stoffquadrate (eines für jedes Leckerli)
Geschenkband

Geben Sie einen Eßlöffel voll Katzenminze auf jedes Stoffquadrat. Fügen Sie die Enden zusammen und winden Sie das Nähgarn fünf Zentimeter von den Enden entfernt fest um das entstehende Täschchen. Machen Sie einen doppelten Knoten und schneiden Sie das Nähgarn nah am Knoten ab. Binden Sie mit dem Band eine Schleife um das Täschchen, so daß das Nähgarn verdeckt wird.

Tip: Brennen Sie die Enden des Bandes ab, damit die Katzen nicht daran ersticken können. Es ist ratsam, die Katzen beim Spielen zu beobachten.

Belegen Sie die Katzen-Leckerlis mit folgendem Zauberspruch:

Göttin Bast der lieben Katzen
Mit ihren Näschen, Schwänzen, Tatzen,
Lege Deine Kraft in diese Leckerei,
Bring uns'ren Katzenfreunden Freude dabei.

Erdnußbutter-Vogelfutter

Vogelfutter
1 großes Glas Erdnußbutter
Wachspapier
Zellophan

Entfernen Sie den Deckel vom Erdnußbutter-Glas und erhitzen Sie es in der Mikrowelle auf höchster Stufe in 30 Sekunden-Intervallen, bis die Erdnußbutter flüssig ist. Gießen Sie sie in eine Schüssel und fügen Sie Vogelfutter hinzu, bis eine dicke, feste Masse entsteht.

Geben Sie die Masse auf das Wachspapier und rollen Sie mit Ihren Händen eine Wurst daraus. Wickeln Sie die Rolle in das Wachspapier und legen Sie sie für eine bis zwei Stunden in die Tiefkühltruhe bzw. in das Gefrierfach. Schneiden Sie die Rolle kurz vor dem Verschenken auf und verpacken Sie die einzelnen Scheiben in Zellophan. Segnen Sie das Erdnußbutter-Vogelfutter, indem Sie etwas sagen wie:

In Schnee und Eis, in Graupel und Regen
Sei hungrigen Vögeln ein nährender Segen.
Laß sie heranströmen und füttere sie,
So schadet die Kälte ihnen nie.

Hundehalsband für die Festtage

Hundehalsband aus Nylon oder Stoff
Kleine klingende Glöckchen
Kleine Stechpalmenzweige (optional)
Textilfarbe
Pinsel
Heißkleber

Malen Sie mittig den Namen des Haustiers auf das Halsband und lassen Sie es gut trocknen. Kleben Sie die Glöckchen darauf und auch einige Stechpalmenzweiglein, wenn Sie möchten. Segnen Sie das Geschenk, indem Sie etwas sagen wie:

Diana, Du Göttin uns'rer Freunde, der Hunde,
Segne dieses Geschenk und lausch' uns'rer Kunde:

Erhör' dieser Glöckchen Klingen,
Du sollst (Name des Hundes) immer heil nach Hause bringen.
Geleite ihn/sie sicher auf ihren/seinen Wegen
Und behüte sie/ihn mit Deinem Segen,
Und streune (Name des Hundes) noch so weit,
Durch Dich sei sie/er vor allem gefeit.

Hundekuchen

300 g Vollkorn-Mehl
50 g Milchpulver
1 Ei
1 Brühwürfel (Huhn-, Leber- oder Rinderbrühe)
200 ml Wasser
60 g Margarine
1 Prise Salz

Geben Sie das Wasser, den Brühwürfel und die Margarine in eine große Schüssel. Erhitzen Sie sie eine Minute lang auf höchster Stufe in der Mikrowelle. Fügen Sie all die anderen Zutaten hinzu, das Mehl zuletzt. Der Teig sollte fest sein. Rollen Sie den Teig auf einer mit Mehl bestäubten Fläche aus. Er sollte ca. einen Zentimeter dick sein. Stechen Sie Plätzchen mit Keksformen aus und legen Sie sie auf ein mit Backpapier ausgelegtes Blech. Backen Sie die Hundekuchen bei 160 °C für 35 bis 40 Minuten (sie sollten hart sein). Stellen Sie das Backrohr aus und lassen Sie die Hundekuchen darin eine Stunde lang nachbacken.

Vogeltränke

3 große Terra-Cotta-Blumentöpfe (kaufen Sie den größten Topf, den Sie finden können, den nächstkleinsten und wiederum den nächstkleinsten. Stapeln Sie sie ineinander, um sicherzugehen, daß sie gut ineinander passen)
1 Terra-Cotta-Untersatz für den größten Blumentopf
Sprühlack in verschiedenen Farben bzw. Wasserlack
Durchsichtigen Sprühlack
Durchsichtiges Silikon
Acrylfarben in verschiedenen Tönen
Pinsel (optional)

Besprühen Sie die Töpfe mit mehreren Schichten Sprühlack. (Natürlich können Sie alle gleich färben, aber wenn die Töpfe verschiedenfarbig sind, sieht das besonders festlich aus.) Besprühen Sie den Untersatz mehrfach auf der Innen- und der Außenseite und verpassen Sie der Innenseite eine Extra-Dosis Sprühlack. Drehen Sie den größten Topf um, wenn er gut getrocknet ist, so daß der Boden des Topfes sichtbar ist. Drücken Sie rund um den Topfboden einen dicken Silikon-Strang aus dem Tubenaufsatz, achten Sie darauf, daß Sie etwa 2,5 Zentimeter Rand zur Außenkante des Topfbodens freilassen. Stülpen Sie nun den nächstgrößten Topf kopfüber auf die Silikonspur. Wiederholen Sie den Vorgang mit dem kleinsten Topf. Tragen Sie einen weiteren Silikon-Strang auf den Boden des kleinsten Topfes auf und drücken Sie die Unterseite des Untersatzes darauf fest. Lassen Sie die Vogeltränke für mindestens vierundzwanzig Stunden trocknen und malen Sie dann, wenn Sie Lust haben, mit den Acrylfarben Symbole und Bilder darauf. Besprühen Sie die fertige Vogeltränke anschließend mit zwei Schichten durchsichtigem Sprühlack.

Tip: Bewahren Sie die Vogeltränke bei eisigen Temperaturen im Haus auf, da die Kälte den Lack angreifen könnte.

Um die Vogeltränke zu segnen, singen Sie etwas wie:

Ihr kleinen, irdenen Schalen seid jetzt
Ein Bad, das die Vögel mit Wasser benetzt.
Bringt uns'ren gefiederten Freunden Wonne,
Auf daß die ganze Schar zusammenkomme;
Zum Tollen und Spielen im kühlen Naß,
Schenkt den kleinen Vöglein großen Spaß.

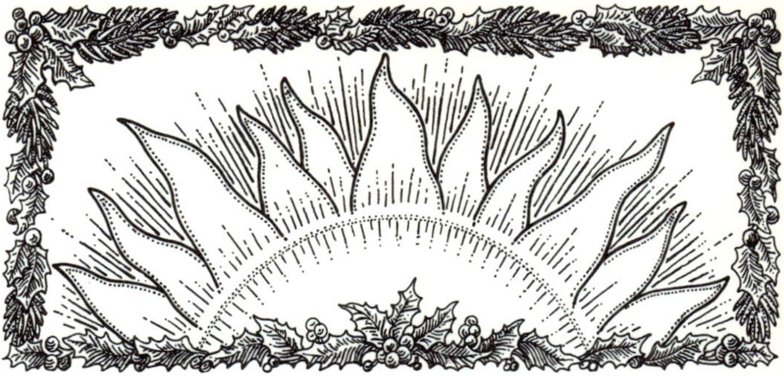

13

Geschenke festlich verpacken

Nun haben Sie für alle das perfekte Geschenk, und die Geschenke müssen nur noch schön verpackt werden. Bevor Sie Ihr Geschenkpapier und -band hervorkramen, überlegen Sie, ob Sie Ihre Geschenke nicht etwas einfallsreicher verpakken möchten als sonst. Es wäre doch ein Jammer, wenn Ihre perfekten Geschenke ganz gewöhnlich verpackt würden. Das perfekte Geschenk verdient es schließlich, auch perfekt verpackt zu werden, so daß der/die Beschenkte es kaum erwarten kann, es auszupacken.

Sie fragen sich vielleicht: Aber was kann man denn so Großartiges mit gewöhnlichem Geschenkpapier und -band anfangen? Mehr als Sie denken! Sie müssen es nur aus der richtigen Perspektive betrachten: Wenn Sie beginnen den Akt des Verpackens als einen des »Verkleidens« zu verstehen, wird sich Ihre gesamte Einstellung dazu verändern. Die Tips auf den folgenden Seiten werden Sie bestimmt inspirieren.

Originelle Verpackungsideen

- Legen Sie einige kleine, ähnliche Geschenke gemeinsam in ein Körbchen und verpacken Sie es mit Geschenkpapier oder Zellophan und einer Schleife.
- Alte Bonbonniere-Schachteln eignen sich auch gut, um eine Auswahl an kleinen Geschenken zu verpacken. Bemalen Sie die Schachteln mit Bastel- oder Textilfarbe grün. Schneiden Sie eine Schneeflocke aus Papier aus und benutzen Sie sie als Namensschildchen.
- Verpacken Sie Küchengeschenke mit Geschirrtüchern. Fädeln Sie die Enden durch einen Topfschwamm mit Loch in der Mitte, durch einen Ring aus Meßlöffeln oder heften Sie sie mit Wäscheklammern aneinander.
- Für Bade- und Boudoirgeschenke eignen sich Handtücher, Gästehandtücher und Waschlappen hervorragend als Verpackung. Binden Sie einfach eine passende Satinschleife um die Enden.
- Benutzen Sie statt gewöhnlichem Geschenkpapier Samt, Taft, Seide oder andere Stoffe in kräftigen Farben. Verpakken Sie dann das bereits mit Stoff umwickelte Geschenk abermals mit Spitze und binden Sie anschließend eine Samtschleife darum.
- Verwenden Sie anstelle von Geschenkpapier Zeitungspapier und binden Sie um das verpackte Geschenk eine Schleife aus dickem roten Garn. Nehmen Sie einen weißen Karton

als Namensschild und beschriften Sie ihn mit fetten, schwarzen Lettern.

- Packpapier (Sie können auch unbedruckte Einkauftüten aus braunem Papier verwenden) ist auch als Geschenkpapier gut geeignet. Binden Sie eine Schnur darum und befestigen Sie mit Heißkleber in der Mitte Pinienzapfen, Stechpalmenblätter und Tannenzweige. Binden Sie vier oder fünf Zimtstangen mit einem Faden zusammen und kleben Sie sie in die Mitte des Gestecks.

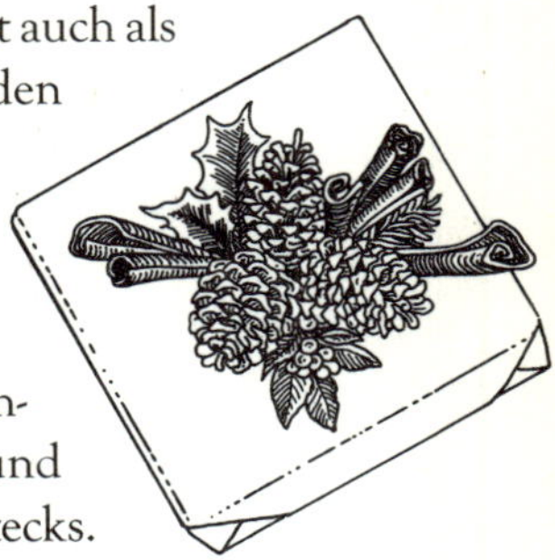

- Verpacken Sie Ihre Geschenke mit unifarbenem Geschenkpapier und binden Sie Raffiabast darum. Befestigen Sie an dem Bast einige Zuckerstangen oder einen dekorierten Keks.
- Schneiden Sie aus einem alten Schwamm eine festliche Form aus, tauchen Sie sie in Farbe und verzieren Sie damit weißes oder braunes Papier.
- Polieren Sie unifarbene Verpackungen auf, indem Sie individuell verpackte Süßigkeiten darauf kleben. Schokoladenglöckchen oder kleine Schoko-Nikoläuse eignen sich besonders gut.

Originelle Ideen für Namensschilder

- Befestigen Sie kleinen Christbaumschmuck auf den Schleifenenden und schreiben Sie den Namen mit wasserfestem Marker auf eines der Enden.

- Backen Sie einen großen Keks und schreiben Sie mit Zuckerschrift den Namen des zu Beschenkenden darauf. Geben Sie dann Zucker- oder Schokoladenstreusel auf die noch feuchte Zuckerschrift.
- Auch Plätzchenformen mit weihnachtlichen Motiven eignen sich gut als Namensschild. Schreiben Sie einfach mit wasserfestem Marker den Namen darauf.

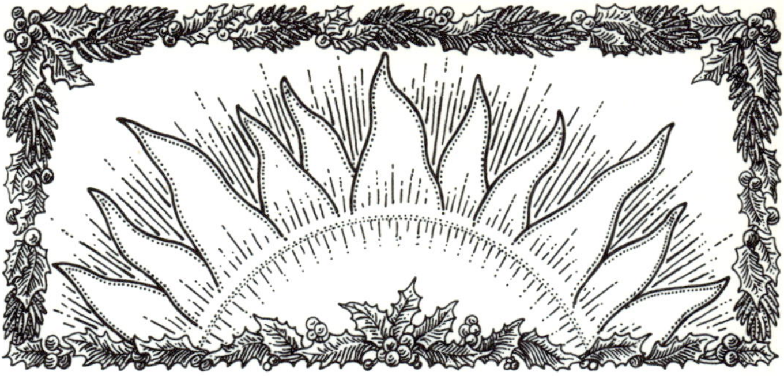

14

Laßt uns feiern!

So wie man die perfekten Geschenke in der Regel nicht an einem Tag finden kann, lassen sich auch Julfeste nicht ohne weiteres organisieren. Man muß die Gästeliste festlegen, Menüs planen und einkaufen, was in den vorweihnachtlich überfüllten Supermärkten eine echte Herausforderung sein kann. Vor allem aber muß man dafür sorgen, daß die Gäste es wunderschön haben. Das gelingt, wenn man die richtige Atmosphäre schafft.

Reicht es denn nicht, das Haus und den Baum zu schmükken? Nein! Diese Dekorationen sind Ausdruck unserer Vorfreude auf die Feiertage, aber sie signalisieren uns nicht zu feiern! Um Feierlaune aufkommen zu lassen, müssen Sie schon ein bißchen mehr tun, und nichts bringt Menschen schneller in die richtige Stimmung als ein großzügig gedeckter Tisch.

Großzügig ist nicht unbedingt mit teuer gleichzusetzen. Sie müssen nicht Omas gute Spitzendecke hervorholen oder in Porzellan, Kristallgläser und Silberbesteck investieren. Nein, Sie haben wahrscheinlich alles was Sie brauchen schon und wenn nicht, dann können Sie die fehlenden Teile auch für wenig Geld dazukaufen. Es geht darum, eine gute und festliche Stimmung zu schaffen, eine, die Ihre Gäste verzaubern wird und an die Sie sich noch in vielen Jahren gerne erinnern werden. Hier finden Sie einige Ideen und Anregungen:

Festliche Tischdecke

1 Laken oder Stück Stoff, das groß genug ist, um den Tisch zu bedecken
Schablonen mit weihnachtlichen Motiven
Textilfarben
Pinsel und alte Schwämme
Abdeckklebeband

Waschen, trocknen und bügeln Sie das Laken. (Es ist wichtig, daß es knitterfrei ist, wenn Sie loslegen.) Legen Sie die Schablonen auf den Stoff und befestigen Sie sie mit dem Abdeckklebeband. Tragen Sie mit den Pinseln oder Schwämmen Farbe auf. Wenn Sie die gleiche Schablone mehrmals benutzen möchten, lösen Sie sie vorsichtig, kleben Sie sie an der gewünschten Stelle erneut fest, tragen Sie erneut Farbe auf. Waschen Sie das Tuch, so wie auf der Textilfarben-Packung empfohlen.

Feierliche Platzdeckchen

Ein 40 x 60 cm großes Filzstoffstück für jedes Deckchen (Sie können auch vorgefertigte Platzdeckchen kaufen)
Zwei 40 x 60 cm große Klebefolien für jedes Deckchen
Filzreste in verschiedenen Farben
Textilkleber
Schere

Schneiden Sie weihnachtliche Motive (z. B. Glocken, Sterne, Bäume, Kränze, Schneeflocken) aus den Filzresten aus und kleben Sie sie auf die Deckchen. Ziehen Sie vorsichtig das Schutzpapier von der Klebefolie ab und ziehen Sie es auf Ihrem Arrangement glatt; achten Sie darauf, daß sich keine Luftbläschen oder Falten bilden. Bekleben Sie auch die Unterseite mit der Folie. Wiederholen Sie den Vorgang bei jedem Platzdeckchen.

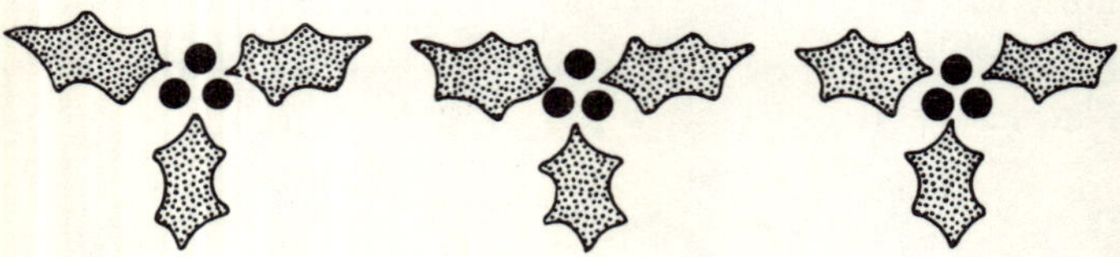

Abbildungen im Uhrzeigersinn, oben beginnend: Festliche Tischdekoration mit Schwimmkerzen, Tischkarten, Feierliche Platzdeckchen, Festliche Tischdecke, Serviettenringe

Serviettenringe

Ein 5 x 12 cm langes Stück aus biegbarer Pappe für jeden Ring
Geschenkfolie (oder Aluminiumfolie)
Durchsichtiges Klebeband
Immergrün-Zweiglein, Zimtstangen oder kleiner Baumschmuck
Geschenkband
Locher
Klebstoff

Verzieren Sie jeden Pappstreifen mit Folie und befestigen Sie ihn mit Klebeband. (Am besten gelingt das, wenn Sie jeden Streifen so verpacken, wie Sie ein Geschenk verpacken würden.) Legen Sie die beiden Enden übereinander, so daß Sie einen Ring formen, und kleben Sie sie mit dem Klebeband zusammen. Machen Sie mit dem Locher links und rechts der zusammengeklebten Stelle ein Loch und fädeln Sie das Band hindurch, so daß die Bandenden auf der Oberseite des Rings heraushängen. Legen Sie Zweiglein, Zimtstangen und Baumschmuck zwischen die beiden Löcher und befestigen Sie sie mit Klebstoff, wenn Sie mit Ihrer Dekoration zufrieden sind. Machen Sie einen doppelten Knoten um das Arrangement und binden Sie dann eine schöne Schleife.

Tischkarten

Kleine weiße Kärtchen (unlinierte Karteikärtchen eignen sich gut hierfür, wenn Sie sie in der Mitte durchschneiden)
Kerzen, die ca. 15 cm lang sind und einen Durchmesser von ca.1,5 cm haben
Kleine Zucker- oder Zimtstangen
Heißkleber
Locher
Kugelschreiber

Schreiben Sie den Namen jedes Gastes auf eine Karte, machen Sie ein Loch in die obere linke Ecke und legen Sie die Kärtchen beiseite. Kleben Sie Zimt- oder Zuckerstangen vertikal rund um die Kerze, dicht beieinander, so daß die Kerze darunter nicht sichtbar ist. (Sollten Sie mit Zuckerstangen arbeiten, befestigen Sie sie mit den »Haken« nach unten. Dies gibt der Kerze einen besseren Halt.) Binden Sie eine Schleife um die Stangen und fädeln Sie ein Bandende durch ein Tischkärtchen. Schenken Sie diese Kerzen Ihren Gästen als Erinnerung an diesen Abend, wenn Sie sich verabschieden.

Tischdekoration mit Schwimmkerzen

Ungerade Zahl Schwimmkerzen
Kleine Bowlenschale
Auswahl an Immergrün
Wasser
Paillettenkonfetti

Füllen Sie die Schale zu 3/4 mit Wasser. Legen Sie die Kerzen und das Paillettenkonfetti hinein. Dekorieren Sie das Immergrün rund um die Schale. (Weitere Tischdekorationen finden Sie bei den schnellen und einfachen Juldekorationen.) Wenn Sie die Kerzen zum ersten Mal anzünden, singen Sie etwas wie:

Flamme des Feuers, brenne hell,
Mit Deinem Licht wärm' uns're Seelen schnell,
Ermunt're die Sonne, mit Dir zu scheinen
Und uns zu leuchten, mir und den Meinen.

Segnen Sie alles auf dem Tisch kurz bevor Ihre Gäste eintreffen, indem Sie etwas sagen wie:

Feiertagsfreuden vergangener Tage,
Macht alle fröhlich, die ich hier versammelt habe.
Gebt allem, was Ihr hier seht, Euren Segen,
In diese Nacht sollt Ihr Freude legen.

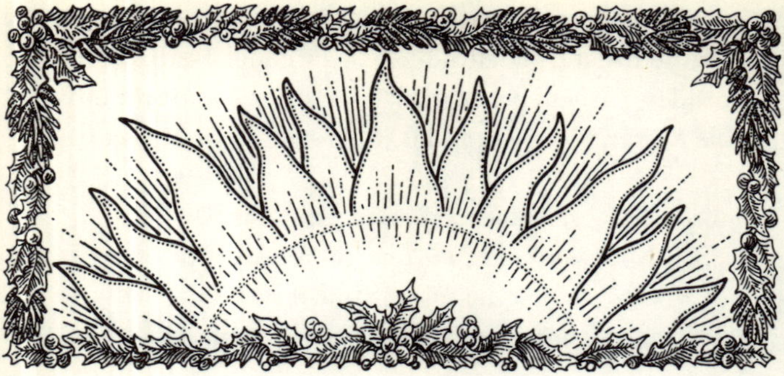

15

Ideen für Ihre Feier und Spiele

Feste – insbesondere zur Julzeit – erwecken in uns das Kind. Deswegen genießen wir sie so. Manchmal aber kommen Feste nicht richtig ins Rollen und sind schon fast wieder vorbei, wenn wir beginnen, sie zu genießen. Damit das nicht geschieht, versuchen Sie es mit meinen Vorschlägen weiter unten. Ich habe auch einige »Eisbrecher« und Spiele für Sie zusammengestellt. Sie locken selbst den schlimmsten Spießer aus der Reserve. (Vergessen Sie nicht, den Gewinnern kleine Preise zu verleihen!)

Einfache Party-Ideen

- Wählen Sie Ihre Gäste sorgfältig aus. Laden Sie nur Menschen ein, die ähnliche Interessen haben. So laufen Sie nicht Gefahr, daß Ihre Gäste nicht wissen, worüber sie miteinander reden sollen.

- Stellen Sie Ihre Gäste einander vor. Ein Fest steht und fällt damit, wie gut die Gäste miteinander ins Gespräch kommen.
- Lassen Sie absichtlich einige Dinge in der Küche unerledigt, bevor Ihre Gäste eintreffen. Das gibt Ihnen die Möglichkeit, einen Gast, der fehl am Platz scheint, zu beschäftigen und so zu integrieren.
- Spielen Sie Musik, die zur Jahreszeit paßt. Nur wenige können sich dem Bedürfnis mitzusingen oder zu pfeifen entziehen. Wenn die Gäste einmal fröhlich mitträllern, dann verschwindet ihre Schüchternheit ganz von selbst.
- Machen Sie es den antiken Gastgebern nach und bitten Sie Ihre Gäste, kostümiert zu erscheinen und die Persönlichkeit der Figur, derer die sie verkörpern, anzunehmen.
- Vergessen Sie nicht, welche wichtige Rolle die Nase spielt. Füllen Sie eine Duftlampe mit Wasser und einigen Tropfen Nelken-, Piment-, Muskat-, Apfel- und Orangenöl. Das versetzt mit Sicherheit jeden Ihrer Gäste in Festtagsstimmung.

Spiele

Festtagsscharaden

Erlauben Sie nur Wörter, die mit den Feiertagen zu tun haben. Titel von Weihnachtsliedern und -filmen und Redewendungen wie »Wenn es draußen stürmt und schneit, ist der Winter nicht mehr weit« bringen das Spiel bestimmt ins Rollen.

Apfelroll-Wettbewerb

Teilen Sie Ihre Gäste in Zweier-Teams auf und geben Sie jedem Team eine alte Strumpfhose mit einem Apfel in einem Fuß. Lassen Sie je einen der beiden Team-Mitglieder sich die Strumpfhose um die Hüfte binden und legen Sie eine Styroporkugel oder einen unzerbrechlichen Baumschmuck vor sie/ihn. Die Aufgabe lautet, das Objekt zu seinem Partner, der am anderen Ende des Raumes aufgestellt ist, nur mit Hilfe des Apfels zu bewegen. Gewinner ist derjenige, dem dies als erstes gelingt.

Feiertags-Buchstaben-Puzzle

Geben Sie Ihren Gästen Stifte und Zettel, auf denen Buchstaben stehen, die in unterschiedlichen Feiertagswörtern, wie z. B. Wintersonnwende, Weihnachten, Hanukkah, Weihnachtsbaum oder Mistelzweig, vorkommen. Wie viele der Wörter können Ihre Gäste wohl mit den Buchstaben formen?

Gesprächsfaden-Spiel

Werfen Sie Zettel, auf denen Feiertagswörter stehen, in einen Korb oder einen Hut. Reichen Sie ihn herum. Jeder Gast soll einen Zettel daraus ziehen. Der erste muß einen Satz bilden, der mit dem Wort auf seinem Zettel endet. Der nächste muß wiederum einen Satz bilden, in dem das Wort vorkommt, das den letzten Satz beendet hat. Dieser Satz muß mit dem Wort, das auf dem Zettel steht, aufhören.

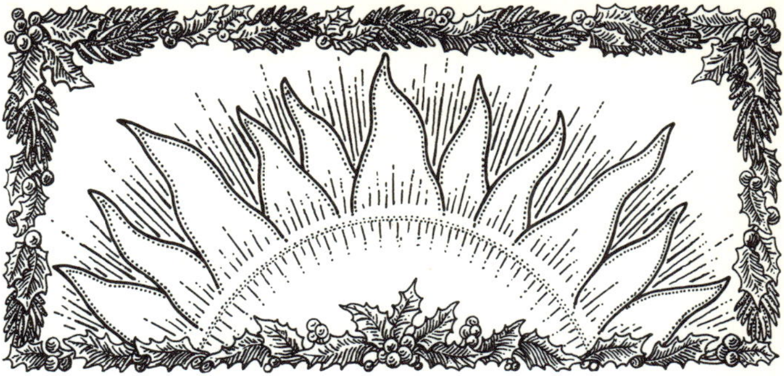

16

Essen, trinken, fröhlich sein

Es gibt nichts, was den kulinarischen Zauberer in uns so wecken kann wie die Feiertage. Sie fördern den kreativen Fluß, und die Macht der Inspiration wallt in uns auf. Plötzlich haben wir einen Grund, um besondere Speisen, reichhaltige Gerichte und andere Köstlichkeiten, die wir normalerweise nicht zubereiten würden, zu kreieren. In einer Gesellschaft, die sich Wörter wie fett-, cholesterinarm und gesundheitsbewußt zu Schlagwörtern gemacht hat, sind die Feiertage auch eine willkommene Gelegenheit, um wieder einmal ohne Reue schlemmen zu dürfen!

Nachdem dies gesagt wurde, wird es Sie nicht weiter verwundern, wenn die Rezeptvorschläge auf den folgenden Seiten nicht gerade einem ausgewogenen Ernährungsplan entsprechen. Die meisten davon sollen viel eher Ihre Kreativität entfachen, ein Gefühl von Festlichkeit vermitteln und die Naschkatze in uns befriedigen. Wischen Sie also alle Bedenken beiseite und stürzen sich in das Vergnügen. Ihre Geschmacksknospen und Ihre Familie werden es Ihnen danken.

Jul-Freuden

Dekorierte Jul-Kekse

Was wären die Feiertage ohne verzierte Kekse? Stechen Sie mit Formen Bäume, Sterne oder Nikoläuse aus; wenn Sie heidnisch feiern, gehören Sonnenkekse unbedingt in Ihre Plätzchendose. Die Ausstechformen sind auch ein schöner Baumschmuck, besonders wenn sie mit Sprühlack eingefärbt wurden.

180 g Butter
200 g Zucker
1 Ei
1 Teelöffel Vanilleextrakt
200 g Mehl
2 Teelöffel Backpulver
½ Teelöffel Salz
Gefärbter Zucker, Streusel oder Zuckerguß

Schlagen Sie die Butter und den Zucker cremig, verquirlen Sie die Masse mit dem Ei und der Vanille. Fügen Sie die trockenen Zutaten hinzu und vermischen Sie sie gut. Stellen Sie den in Frischhaltefolie eingewickelten Teig für zwei Stunden kühl.

Erhitzen Sie den Ofen auf 190 °C. Rollen Sie den Teig aus

und stechen Sie Kekse aus dem 30 mm dicken Teig aus. Verzieren Sie sie nach Ihrem Geschmack und backen Sie sie acht bis zehn Minuten lang auf einem mit Backpapier ausgelegten Backblech.

Ergibt 30 bis 40 Kekse, je nach Größe der Ausstechformen.

Lebkuchen

(ursprünglich aus Deutschland/Frankreich)

Es gibt nichts, das einen schneller in Weihnachtsstimmung versetzen kann, als der Geruch von frischgebackenen Lebkuchen. Lebkuchen wurde ursprünglich auch zu Ostern angefertigt, ist heute aber ein Synonym für die kalte Jahreszeit. (Wenn Sie mehr über die Geschichte und Bedeutung des Lebkuchens erfahren möchten, lesen Sie in Kapitel 2 nach.)

½ Teelöffel gemahlener Ingwer
½ Teelöffel gemahlene Nelken
¼ Teelöffel Muskat
1 Teelöffel Zimt
1 Teelöffel Backpulver
90 g Rohrzucker
225 g Melasse
½ Teelöffel Salz
180 g Butter
1 verquirltes Ei
350 g Mehl

Stellen Sie den Ingwer, die Nelken, den Zimt, den Zucker, die Melasse und das Salz in ein Wasserbad. Erhitzen Sie die Mischung bei mittlerer Hitze unter ständigem Rühren, bis sie zu kochen beginnt. Nehmen Sie das Wasserbad von der Herdplatte und rühren Sie die Butter in die Masse ein. Fügen Sie das Ei hinzu, wenn die Butter geschmolzen ist, und rühren Sie gut um. Mischen Sie das Mehl und das Backpulver dazu und stellen Sie den Teig drei Stunden im Kühlschrank kalt.

Erhitzen Sie das Backrohr auf 175 °C. Rollen Sie den Teig auf einer mit Mehl bestäubten Fläche aus, bis er ca. 60 mm dick ist. Stechen Sie mit Plätzchenformen Kekse aus. (Wenn Sie manche Lebkuchen als Baumschmuck verwenden möchten, machen Sie ein Loch mit einem spitzen Gegenstand hinein, damit man sie später gut aufhängen kann.) Backen Sie die Lebkuchen 12 bis 15 Minuten lang. Die Kanten sollten zart gebräunt sein, wenn Sie sie herausnehmen. Verzieren Sie die Lebkuchen, wenn Sie möchten, mit Zuckerguß.

Ergibt 30 bis 40 Kekse, je nach Größe der Ausstechformen.

Miz Sadie's Pekannuß-Traum
(USA)

Diese Köstlichkeit war schon immer einer meiner Favoriten. Ich denke, daß sie ursprünglich aus den Südstaaten stammt, aber inzwischen ist sie in allen amerikanischen Bundesstaaten beliebt.

270 g Zucker
200 g leichter Maissirup
150 ml Wasser
2 Eiweiß
100 g gehackte Pekannüsse

Geben Sie den Zucker, den Sirup und das Wasser in eine Kasserolle und erhitzen Sie die Mischung bei mittlerer Hitze unter ständigem Rühren, bis sie karamelisiert. (Um zu sehen, ob sie fertig ist, lassen Sie einen Tropfen davon in Eiswasser fallen. Wenn sich ein harter Strang bildet, ist sie fertig.) Schlagen Sie das Eiweiß so steif, daß kleine Spitzen auf der Oberfläche zurückbleiben. Gießen Sie das Karamel langsam, unter ständigem Rühren, in den Eischnee. Heben Sie die Pekannüsse unter und rühren Sie dann um, bis die Masse dick wird. Lassen Sie teelöffelgroße Mengen der Masse von einem gebutterten Löffel auf ein mit Backpapier ausgelegtes Backpapier tropfen und hart werden. Bewahren Sie die Kekse in einem luftdichten Behälter auf.

Ergibt 30 bis 40 Kekse.

Schnell gemachte Götterspeise

Dieses himmlische Dessert wird seit mindestens vier Generationen von meiner Familie zubereitet. Es ist so köstlich, daß ich mir kaum vorstellen kann, das Julfest ohne es zu feiern!

1400-g-Dose Fruchtcocktail
1250-g-Dose Mandarinenspalten
100 g gehackte Walnüsse
50 g Kokosstreusel
350 g saure Sahne

Lassen Sie die Dosenfrüchte abtropfen und vermengen Sie anschließend alle Zutaten in einer großen Schüssel. Voilá! Ein Geschenk der Götter! Stellen Sie das Dessert kühl, bevor Sie es servieren.

Ergibt 8 Portionen.

Mamas falscher Mincemeat Pie
(England)

Dieser Kuchen ist eine alte britische Feiertags-Spezialität und wurde ursprünglich als Vorspeise serviert. Der Grund dafür war, daß die wichtigste Zutat hierfür gehacktes Lammfleisch war, deswegen auch der Name Mincemeat (dtsch.: Hackfleisch) Pie. Das Fleisch wurde aber vor vielen Jahren aus dem traditionellen Rezept entfernt. Mein Rezept enthält auch kein Fleisch und eignet sich wunderbar als Nachspeise, die zudem kostengünstig ist.

2 fertige Tortenböden aus dem Kühlregal (sie müssen gebacken werden können)*
450 g gehackte Äpfel
200 g Rosinen
180 g Rohrzucker

1/8 Teelöffel Zimt
1/8 Teelöffel Muskat
1/8 Teelöffel Salz
225 g saure Sahne

Heizen Sie das Backrohr auf 230 °C vor. Legen Sie den Tortenboden in eine passende Form. Vermischen Sie alle übrigen Zutaten mit einander und verteilen Sie die Masse auf dem Tortenboden. Stülpen Sie den zweiten Tortenboden darüber und drücken Sie die Kanten mit den Fingern fest zusammen. Schneiden Sie in den oberen Tortenboden kleine Löcher (damit der Dampf entweichen kann) und besprenkeln Sie ihn mit Zimtzucker. Backen Sie den Mincemeat Pie 10 Minuten lang und reduzieren Sie dann die Hitze auf 170 °C, backen Sie den Pie nun für weitere 45 Minuten. Servieren Sie ihn heiß.

Tip: Stellen Sie die Kuchenform mit dem Pie auf Backpapier, damit das Backrohr nicht verschmutzt. Sie können auch ein wenig Alufolie um die Kruste wickeln, damit sie nicht anbrennt. Entfernen Sie die Folie 10 Minuten vor Ende der Backzeit.

* Fertige Tortenböden gibt es in fast jedem Supermarkt zu kaufen. Sie schmecken gut und sparen viel Zeit.

Ergibt 6 Portionen.

Julscheit
(Frankreich)

Wenn Sie noch nie einen Julscheit gebacken haben, wird es jetzt Zeit dafür. Der Julscheit macht sich nicht nur gut auf Ihrer Festtafel, er ist auch so einfach zuzubereiten und schmeckt so köstlich, daß Sie es kaum erwarten werden können, ihn im nächsten Jahr wieder zuzubereiten. Das Rezept wurde von Su Walker zur Verfügung gestellt.

60 g Butter oder Margarine
100 g gehackte Walnüsse oder Pekannüsse (Sie können auch beide mischen)
100 g Kokosstreusel
400 ml gesüßte Kondensmilch
4 Eier
100 ml Wasser
1 Schokoladenkuchen-Backmischung
100 g Puderzucker
Fertige Schokoladenglasur
Grüne und rote Fruchtgummis
Kleine Weihnachtskerze (optional)

Heizen Sie das Backrohr auf 170 °C vor. Legen Sie eine Biskuitrollenform (40 x 25 cm) mit Aluminiumfolie aus, so daß der Boden und die Seiten komplett damit bedeckt sind. Schmelzen Sie die Butter darin (Ich stelle die Form mit der Butter in den aufheizenden Ofen und behalte sie gut im Auge, bis sie geschmolzen ist. Dann nehme ich sie heraus.), besprenkeln Sie sie gleichmäßig mit den Nüssen und den Kokosstreuseln und träufeln Sie die Kondensmilch darüber.

Verquirlen Sie die Eier in einer großen Schüssel vier bis sechs Minuten lang mit dem Stabmixer auf der höchsten Stufe, bis der Schaum fest und zitronenfarben ist. Fügen Sie sehr langsam das Wasser hinzu. Fügen Sie die Backmischung hinzu und schlagen Sie noch eine Minute weiter, bis alle trockenen Zutaten mit der Masse vermengt worden sind. Gießen Sie die Masse über die Kondensmilch und verteilen Sie sie gleichmäßig. Backen Sie den Kuchen 30 bis 35 Minuten lang bei 175 °C. Wenn Sie ihn herausnehmen, sollte die Oberfläche in der Mitte leicht nachgeben, wenn Sie sie berühren, aber gleich darauf wieder ihre Ausgangsform annehmen.

Besprenkeln Sie ein großes Geschirrtuch mit Puderzucker. Nehmen Sie den Kuchen aus dem Rohr, bedecken Sie ihn mit der gezuckerten Seite des Geschirrtuchs und stürzen Sie ihn sogleich auf das Tuch. Entfernen Sie die Folie vorsichtig, wickeln Sie den Kuchen in das Handtuch und stellen Sie ihn kalt.

Verteilen Sie gleichmäßig nach Packungsanleitung die Schokoladenglasur darauf und machen Sie ein Baumrindenmuster mit einer Gabel. Verzieren Sie Ihren Julscheit mit Fruchtgummis, so daß sie aussehen wie Stechpalmenblätter und -beeren. Dekorieren Sie den Julscheit, wenn Sie möchten, auch mit kleinen Kerzen.

Süße Sonnen

(Deutschland)

Mit diesen kleinen Köstlichkeiten hat man früher Bäume geschmückt. Sie erinnern uns daran, daß die Sonne (Zitrusfrucht) immer aus dem Eis und dem Schnee hervorgeht (durch die körnige Zuckerglasur symbolisiert).

Schale von 3 unbehandelten Orangen
Schale von 3 unbehandelten Zitronen
Schale von einer unbehandelten Grapefruit
375 g Honig
240 ml Wasser
1 Teelöffel Ingwer
½ Teelöffel Zimt
Zucker

Entfernen Sie das Weiße so gut es geht mit einem scharfen Messer von den Schalen, schneiden Sie sie dann in bißgroße Stücke und geben Sie sie in einen Topf mit Wasser. Bringen Sie das Wasser zum Kochen und lassen Sie die Schalen fünf Minuten lang darin köcheln. Gießen Sie das Wasser ab, fügen Sie erneut Wasser hinzu, bringen Sie es zum Kochen, lassen Sie die Schalen darin köcheln. Wiederholen Sie den Vorgang vier Mal. Gießen Sie nun das Wasser über einem Sieb ab, füllen Sie den leeren Topf mit 240 ml Wasser, dem Honig und den Gewürzen. Vermengen Sie die Zutaten gut und geben Sie dann die abgetropften Schalen dazu. Lassen Sie die Masse auf kleiner Flamme köcheln, bis die Schalen zart sind. Besprenkeln Sie das Backpapier mit Zucker, geben Sie die Schalen darauf und besprenkeln Sie nun diese mit Zucker. Lassen Sie die süßen Sonnen mehrere Stunden an der Luft härten. Wenn sie ganz trocken sind, bewahren Sie sie in einem luftdichten Behälter auf.

Nikolaus-Schokoladen-Fondant

Obwohl Fondant in vielen Ländern zur Weihnachtszeit beliebt ist, scheint er in Holland am 6. Dezember, dem Nikolaus-Tag, eine besonders wichtige Rolle zu spielen. Dieses Rezept ist einfach und köstlich!

1 Tafel Halbbitterschokolade
400 ml gesüßte Kondensmilch
2 Teelöffel Vanilleextrakt
100 g gemahlene Walnüsse

Geben Sie die Schokolade und die Kondensmilch in eine mikrowellenfeste Schüssel und erhitzen Sie sie drei Minuten lang in der Mikrowelle auf höchster Stufe (rühren Sie einmal nach der Halbzeit um). Nehmen Sie die Schüssel aus der Mikrowelle und rühren Sie so lange, bis eine sämige Masse entsteht. Mischen Sie die Vanille und die Nüsse dazu. Verteilen Sie die Masse in einer eckigen, beschichteten Form (20 cm). Stellen Sie sie im Kühlschrank kühl und schneiden Sie den gehärteten Fondant in Quadrate.

Kirsch-Cola-Salat

Diese Nachspeise ist eines meiner liebsten Jul-Desserts. Um es noch festlicher zu gestalten, verwenden Sie Zitronen-Gelatine und füllen Sie es in eine Weihnachtsbaum-Form. Verzieren Sie es mit frischen Minzblättern und Rosmarinzweigen. Stellen Sie es als Dekoration in die Mitte Ihres Festtagstisches.

2 kleine Packungen Gelatine mit Kirschgeschmack
1500-g-Glas Kirschen
1250-g-Dose Ananasstückchen
Cola
500 g Frischkäse

Geben Sie die Gelatine in eine Schüssel. Fügen Sie kein Wasser hinzu. Gießen Sie die Kirschen über einem Sieb ab und lassen Sie den Saft in einen Meßbecher laufen. Lesen Sie auf der Gelatinepackung nach, wieviel Wasser benötigt wird, und geben Sie soviel Cola wie erforderlich zu dem Kirschsaft dazu, um diese Menge zu bekommen. Gießen Sie die Flüssigkeit nun zur Gelatine und folgen Sie der Packungsanweisung. Vermengen Sie anschließend den Frischkäse mit der Gelatine. Fügen Sie die Ananasstückchen, die Kirschen und die Nüsse hinzu. Füllen Sie die Creme nun in eine Schüssel oder Form und stellen Sie sie im Kühlschrank kalt, bis sie fest ist.

Ergibt 8 Portionen.

Pekannuß-Pralinen
(USA)

Wenn man in Texas aufwächst, ist es nahezu unmöglich, nichts vom Erbe der Cajuns mit auf den Weg zu bekommen. Ich habe jedoch mehr mitbekommen als die meisten. Das liegt daran, daß die Eltern meiner Mutter eine Cajun-Köchin beschäftigten. Sie hat das Rezept mit einen Schuß Bourbon verfeinert, um es zu einem besonderen Feiertagsrezept zu machen.

600 g Zucker
5 Teelöffel Maissirup
1200-g-Dose Kondensmilch
1 Teelöffel Backpulver
400 g Pekannußhälften
4 Eßlöffel Bourbon

Vermischen Sie den Zucker, den Sirup und die Kondensmilch in einer großen Kasserolle. Bringen Sie die Flüssigkeit unter ständigem Rühren zum Kochen. Nehmen Sie sie vom Herd, fügen Sie das Backpulver hinzu und lassen Sie es schäumen. Fügen Sie die Pekannußhälften hinzu, und stellen Sie die Kasserolle wieder auf die heiße Herdplatte. Erhitzen Sie die Masse unter ständigem Rühren, bis sie bernsteinfarben wird. Nehmen Sie sie dann vom Herd und geben Sie den Bourbon dazu. Rühren Sie die Masse mit einem Rührbesen glatt, bis sie glänzt (etwa zwei Minuten). Tropfen Sie je einen Teelöffel von der Masse auf Backpapier. Lassen Sie die Pralinen auskühlen und bewahren Sie sie anschließend in einem luftdichten Behälter auf.

Ergibt 25 bis 30 Pralinen.

Plumpudding
(England)

Dieses Rezept ist eine Variation des Rezeptes, das im siebzehnten Jahrhundert in England beliebt war. Plumpudding muß reifen und sollte deswegen vier Wochen, bevor er serviert wird, gemacht werden. Um ihn zu etwas ganz Besonderem zu machen, rühren Sie die traditionellen Glücksbringer (siehe Kapitel 2) ein.

240 ml Milch
300 g Melasse
200 g Rosinen
160 g Semmelbrösel
300 g Mehl
1 Teelöffel Backpulver
1 Teelöffel Zimt
½ Teelöffel gemahlene Nelken
¼ Teelöffel Muskat
1 Teelöffel Salz

Vermischen Sie alle Zutaten miteinander. Füllen Sie die Masse in eine Guglhupfform bzw. einen Topf, bedecken Sie sie mit Aluminiumfolie und geben Sie sie in ein Wasserbad. Lassen Sie die Mischung drei Stunden auf kleiner Flamme köcheln, fügen Sie Wasser hinzu, wenn erforderlich. Lassen Sie die Masse auskühlen und lösen Sie sie aus der Form. Verpacken Sie Ihren Plumpudding in Folie und bewahren Sie ihn im Kühlschrank oder in der Tiefkühltruhe auf.

Ergibt 10 bis 12 Portionen.

Drachen-Sahnetorte
(Irland)

Diese reichhaltige, üppige Torte schmeckt nicht nur fabelhaft, sie läßt sich auch ohne viel Aufwand herstellen. Da der Drache schon seit jeher ein Symbol für das Erdfeuer ist und die Wintersonnwende die Wiederkehr desselben darstellt, paßt diese köstliche Torte auch von der Symbolik wunderbar zu den Jul-Feierlichkeiten.

190 g feinste Bitterschokolade (mit 60 %igem oder höherem Kakao-Anteil)
Geriebene Schale einer unbehandelten Orange
120 g Butter, Raumtemperatur
170 g Puderzucker
Saft von 2 Orangen
60 ml Cointreau, Grand Marnier oder Cognac (je nach Geschmack mehr oder weniger)
30 Löffelbiskuits
Rechteckige Servierplatte

Verzierung:
300 ml Schlagsahne, steif geschlagen
60 ml Grand Marnier oder Cognac (je nach Geschmack mehr oder weniger)
30 g Flocken von feinster Bitterschokolade

Schmelzen Sie die Schokolade im Wasserbad. Schlagen Sie die Butter in einer großen Schüssel schaumig. Fügen Sie die (leicht abgekühlte) geschmolzene Schokolade und die geriebene Orangenschale hinzu und vermischen Sie alles gut. Sieben Sie den Puderzucker hinzu und rühren Sie ihn in die Masse ein. Vermischen Sie den Orangensaft und den Likör in einer anderen Schüssel. Legen Sie die Löffelbiskuits schnell hintereinander kurz in die Flüssigkeit und legen Sie die ersten zehn Löffelbiskuits nebeneinander in einer Reihe auf die Servierplatte. Bestreichen Sie sie mit etwa einem Viertel der Schokoladencreme. Legen Sie darauf wieder eine Lage Löffelbiskuits und bestreichen Sie sie mit Schokoladencreme. Wiederholen Sie den Vorgang noch einmal und bestreichen Sie nun auch die Seiten der Torte mit der Creme. Streichen Sie die Creme mit Hilfe eines in heißes Wasser getunkten Spachtels glatt. Stellen Sie die Torte 2 Stunden im Kühlschrank kalt.

Schlagen Sie die Sahne für die Dekoration sehr steif und fügen Sie den Likör hinzu. Streichen Sie die Sahnecreme vorsichtig über die Torte und besprenkeln Sie sie großzügig mit den Schokoladenflocken und/oder feinen Orangenschalenraspeln.

Ergibt 10 Portionen.

Vanillekipferl
(Keltischen Ursprungs)

Diese Köstlichkeit kann man immer während der Feiertage servieren. Wenn Sie möchten, können Sie ihnen magische Kräfte verleihen, indem Sie während des Backens die Namen Ihrer Lieblingsgötter singen.

150 g Mehl
110 g Puderzucker
100 g gemahlene Mandeln

3 Tropfen Mandelaroma
1 Teelöffel Vanilleextrakt
120 g weiche Butter
1 Eigelb
2 Teelöffel Honig

Vermischen Sie die fünf ersten Zutaten in einer großen Schüssel und fügen Sie dann die Butter, das Eigelb und den Honig hinzu. Vermengen Sie alle Zutaten gut miteinander. Bedecken Sie die Schüssel mit Folie und stellen Sie sie zwei Stunden im Kühlschrank kalt. Formen Sie mit den Händen Vanillekipferl aus zehn bis fünfzehn Zentimeter langen Teigsträngen. Legen Sie die Kipferl auf ein mit Backpapier ausgelegtes Blech und backen Sie sie 18 bis 20 Minuten lang bei 175 °C.

Ergibt 12 bis 15 Kipferl.

Festliche Hauptgerichte

Frühstücks-Quiche

Die meisten Bücher, die Feiertags-Rezepte enthalten, beschränken sich auf Speisen für festliche Abendessen. Das Frühstück wird in den seltensten Fällen berücksichtigt. Diese Quiche ist eine wundervolle Frühstücksidee. Sie ist gesund, herzhaft, und Ihre Familie wird sie lieben.

4 verquirlte Eier
300 ml Sahne
170 g geriebener Käse
1 Teelöffel getrockneter Thymian
1 Teelöffel getrockneter Oregano
½ Teelöffel Salz
½ Teelöffel Pfeffer
½ Teelöffel Knoblauchpulver
1 mittelgroße, gehackte Zwiebel
20 kleingeschnittene schwarze Oliven
100 g gebratener, abgetupfter, gewürfelter Speck
1 ungesüßter Tortenboden aus dem Kühlregal mit ca. 20 cm Durchmesser (er muß gebacken werden können)

Legen Sie den Tortenboden mit Aluminiumfolie aus und backen Sie ihn fünf Minuten lang im Backrohr bei 200 °C. Entfernen Sie die Folie und backen Sie ihn für weitere fünf bis sieben Minuten, bis er fertig ist. Reduzieren Sie die Hitze auf 160 °C und nehmen Sie den Tortenboden nicht aus dem Rohr. Braten Sie den Speck an und tupfen Sie ihn mit Küchenrolle ab. Verquirlen Sie die Eier, fügen Sie die Sahne, die Gewürze, die gehackte Zwiebel, die Oliven und den Käse hinzu. Würfeln Sie den Speck und fügen Sie ihn Ihrer Mischung hinzu. Füllen Sie die Masse in den Tortenboden und backen Sie ihn 45 bis 60 Minuten lang. Die Quiche ist fertig, wenn Sie einen Zahnstocher in die Mitte stecken und wieder trocken herausziehen können. Lassen Sie die Quiche 10 bis 15 Minuten lang abkühlen, bevor Sie sie aufschneiden und servieren.

Ergibt 6 Portionen.

Latkes (Kartoffelpfannkuchen)
(Osteuropa)

Kartoffeln dienen in der osteuropäischen, jüdischen Küche seit vielen Jahren als Grundlage für eine Vielzahl von Gerichten. Traditionellerweise werden fritierte Gerichte zur Hanukkah-Zeit (Mitte Dezember) serviert, da Öl eine wichtige Rolle in dem Wunder, das Juden an diesem Feiertag feiern, gespielt hat. Latkes ist eines der typischsten Gerichte der Aschkenasim (so werden die osteuropäischen Juden bezeichnet).

10 mittelgroße Kartoffeln
2 Zwiebeln
2 Eier
50 g Mehl bzw. Matzahmehl (in koscheren Geschäften erhältlich)
Salz und Pfeffer, zum Abschmecken
Petersilie oder Dill (optional)
Pflanzliches Öl (Oliven- oder Erdnußöl eignen sich am besten)

Schälen Sie die Kartoffeln und geben Sie sie in eine mit Salzwasser gefüllte Schüssel, bis Sie bereit sind, sie zu reiben (dadurch verhindern Sie, daß sie braun werden). Raspeln Sie die Kartoffeln, bis eine Art Brei entsteht. Sie können auch, wenn Sie möchten, manche Kartoffeln fein und andere grob raspeln, das verleiht den Pfannkuchen eine komplexere Konsistenz.

Raspeln Sie nun die Zwiebeln in eine andere Schüssel (das ist auch ein Trick, um das Braunwerden zu verhindern). Vermischen Sie nun die Kartoffel- und die Zwiebelraspel und drücken Sie sie gut über einer weiteren Schüssel aus. Achten Sie darauf, daß so wenig Stärke wie möglich ausgedrückt wird. Vermengen Sie die Masse nun mit den Eiern, dem Mehl und den Gewürzen.

Erhitzen Sie etwa einen Daumenbreit Öl in einer Pfanne. Geben Sie, wenn das Öl heiß genug ist, je einen Eßlöffel von der Mischung für jeden Pfannkuchen in die Pfanne.

Latkes sollten heiß serviert werden. Man kann sie im Backrohr warmhalten. Man kann sie auch einfrieren und in der Mikrowelle oder im Backrohr erhitzen. Latkes sollten mit Apfelmus und saurer Sahne serviert werden.

Ergibt 12 Vorspeisenportionen und 6 Hauptspeisenportionen.

Spanische Truthahnsuppe

Das Rezept für diese köstliche Suppe wurde von Kitty Gamarra zur Verfügung gestellt. In Spanien ist es Tradition, an Heiligabend ein Mitternachtsmahl einzunehmen, um die Geburt des Christuskindes zu feiern. Es ist üblich, diese Suppe als Hauptgang zu servieren.

500 g Truthahnfleisch (roh oder schon fertig gekocht und in Streifen geschnitten – gibt es in jedem größeren Supermarkt)
Gekochte Putenleber (leicht angebraten oder mit dem ganzen Puter gebraten)
1400-g-Dose Kichererben bzw. 200 g Kichererbsen, die in Wasser eingelegt werden
1 gehackte Zwiebel
3 Knoblauchzehen
2 Hühner-Brühwürfel
1 Teelöffel Fleischfond (in Supermärkten erhältlich)
2,5 l Wasser
3 Nester Capelli (bzw. Linguine)
1 hartgekochtes Ei, in dünne Scheiben geschnitten
frische Minze
1 Zitrone
Salz und Pfeffer zum Abschmecken

Wenn Ihr Fleisch roh ist, lassen Sie es und die Kichererbsen in einem Topf mit 2,5 Litern Wasser 1 Stunde lang köcheln. Sautieren Sie die Leber in Öl, bis sie schön braun ist. Zerdrücken Sie sie dann mit einer Gabel zu einer Paste. Geben Sie die Leber, die Zwiebel, den Fond und die Brühwürfel in den Topf.

Wenn Sie bereits zubereitetes Fleisch verwenden, geben Sie

die Putenstreifen, die Leberpaste, die Zwiebel und die Brühwürfel in einen mit dem Wasser gefüllten Topf. Fügen Sie Salz und Pfeffer hinzu und lassen Sie die Suppe 30 Minuten lang köcheln.

Fügen Sie dann die Ei-Scheiben hinzu und lassen Sie die Suppe weitere 15 bis 20 Minuten lang köcheln. Geben Sie nun die Nudeln in das Wasser und lassen Sie Ihren Eintopf weitere 5 Minuten köcheln.

Diese Suppe sollte heiß serviert werden. Geben Sie ein wenig frischen Zitronensaft in jeden gefüllten Suppenteller. Dekorieren Sie mit Minzblättern.

Ergibt 8 bis 10 Portionen.

Südstaaten-Ente
(USA)

2 Enten
180 g Butter
2 große Dosen mit eingelegten Champignons
1 Bund Frühlingszwiebeln, kleingehackt
1 Bund frischer Thymian
500 ml Wasser
3 Eßlöffel Mehl

Braten Sie die Enten in einer großen Bratpfanne in 60 g der Butter an, bis sie braun sind. Legen Sie die angebratenen Enten in einen Römertopf oder eine andere Form. Geben Sie die restliche Butter in den Sud und fügen Sie die abgetropften Champignons, die Zwiebeln und die Thymianblätter hinzu.

Braten Sie die Pilze und die Zwiebeln an, bis die Zwiebeln glasig werden (ca. 10 Minuten), gießen die Mischung dann über die Enten und würzen Sie sie mit Salz und Pfeffer. Fügen Sie 500 ml Wasser hinzu, bedecken Sie den Römertopf und braten Sie die Enten ca. zwei Stunden lang bei 150 °C.

Geben Sie, wenn die Enten gar sind, das Gemüse und den Bratensaft in einen Topf und erhitzen Sie sie auf der Herdplatte. Fügen Sie unter ständigem Rühren das Mehl hinzu, um die Sauce zu binden. Lassen Sie sie auf mittlerer Flamme,unter ständigem Rühren köcheln, bis sie die gewünschte Konsistenz hat. Geben Sie die Sauce wieder in den Römertopf und servieren Sie Ihren Festtagsbraten mit Wildreis.

Ergibt 8 Portionen.

Runja

(Polen)

Dieses Rezept hat Kathy Pruchnicki zur Verfügung gestellt. Die Familie ihres Mannes hat es Ende des neunzehnten Jahrhunderts aus Polen in die Vereinigten Staaten mitgebracht. Dieses Gericht wurde nur während der Weihnachtszeit zubereitet. Sie fragen sich warum? Weil frisches Fleisch ein Luxus war, den man sich nur zu Weihnachten leisten konnte.

2 Laibe gefrorener Brotteig (lassen Sie ihn nach Packungsanleitung auftauen)
700 g Hackfleisch
1 große gehackte Zwiebel
1 mittelgroßer Kohlkopf
Salz und Pfeffer zum Abschmecken

Braten Sie die Zwiebeln und das Fleisch an und schütten Sie das überschüssige Fett weg. Schneiden Sie den Kohl klein und kochen Sie ihn bis er gar ist. Gießen Sie ihn über einem Sieb ab und geben Sie ihn, in die Pfanne. Vermischen Sie ihn mit dem Hackfleisch. Schneiden Sie den Brotteig in gleichgroße Scheiben (ca. sieben) und geben Sie ein wenig von der Hackmischung auf jede Scheibe. Machen Sie kleine gefüllte Täschchen und drücken Sie die Kanten mit dem Zeigefinger fest. Legen Sie die Teigtaschen auf ein mit Backpapier ausgelegtes Backblech und lassen Sie den Teig eine Stunde lang aufgehen. Schieben Sie das Blech dann ins Backrohr und backen Sie die Teigtaschen 25 bis 30 Minuten lang bei 175° C – sie sollten goldbraun sein. Bepinseln Sie die Runja mit geschmolzener Butter oder Öl.

Ergibt 7 Portionen.

Brokkoli mit Käsesauce

Dieses Gericht ist seit vielen Jahren eine Jultradition in meinem Haus, da es sich leicht zubereiten läßt, köstlich schmeckt und zudem die Kinder dazu bringt, Gemüse gerne zu essen.

Röschen von zwei Brokkoli-Köpfen
120 g Butter
Salz und Pfeffer zum Abschmecken
4 Teelöffel Mehl
230 ml Milch (ca.)
230 g geriebener Käse

Kochen Sie die Brokkoli-Röschen gar. Schmelzen Sie die Butter auf mittlerer Flamme und fügen Sie eine Prise Salz und eine Prise Pfeffer hinzu. Fügen Sie unter ständigem Umrühren erst das Mehl und dann die Milch hinzu. Lassen Sie die Masse eine Minute lang köcheln, während Sie weiter umrühren. Fügen Sie nach Bedarf noch ein wenig Milch hinzu. Nehmen Sie den Topf von der Herdplatte und mischen Sie den Käse dazu. Servieren Sie den Brokkoli mit der Sauce.

Ergibt 6 bis 8 Portionen.

Feiertags-Getränke

Crockpot Wassail
(England)

Dies ist eine köstliche Variation des traditionellen Wassail-Rezepts (siehe Kapitel 2).

1 Crockpot (»Langsam-Kochtopf« mit integrierter Herdplatte, alternativ können Sie auch einen Schmortopf verwenden)
2 l Apfelsaft oder Cidre
500 ml Cranberrysaft
150 g Zucker
1 Teelöffel Piment
2 Zimtstangen
1 Orange
Ganze Nelken

Erhitzen Sie den Apfelsaft und den Cranberrysaft in einem Crockpot auf höchster Stufe. Fügen Sie den Zucker und den Piment hinzu. Spicken Sie die Orange mit Nelken (ca. 25 – 30) und geben Sie sie in den Crockpot. Bedecken Sie den Crockpot und köcheln Sie das Wassail eine Stunde lang auf höchster

Stufe. Lassen Sie es dann auf kleinster Stufe drei Stunden lang köcheln und servieren Sie es anschließend.

Ergibt 10 Portionen.

Kaffee mit Kahlúa und Baileys

Dieser Kaffee ist der krönende Abschluß jedes Festtagsessens.

1 l gebrühter Kaffee
50 ml Baileys
50 ml Kahlúa
Zucker (nach Geschmack)
Steife Sahne

Vermengen Sie den heißen Kaffee, den Kahlúa und den Baileys in einer Kanne. Gießen Sie das Getränk in Gläser oder Tassen und fügen Sie nach Geschmack Zucker hinzu. Verzieren Sie mit steifer Sahne.

Ergibt 4 Portionen.

Sorbet Frappé

Flasche(n) gekühltes Ginger Ale (wieviel Sie davon benötigen, hängt von der Größe Ihrer Bowlenschüssel ab)
1 Packung Zitronen- oder Orangensorbet

Füllen Sie wenige Minuten, bevor die Bowle serviert werden soll, die Schüssel zu 3/4 mit kaltem Ginger Ale. Geben Sie Eiskugeln dazu. Fertig.

Heißer Butterrum

Nach einem hektischen Tag, an dem letzte Weihnachtsbesorgungen gemacht werden mußten, gibt es nicht Besseres als einen heißen Butterrum, um zu entspannen. Da dieses Getränk auch ohne Alkohol köstlich ist, können Sie es Ihren Kindern auch vor dem Zubettgehen servieren.

1 l Apfelsaft
60 g Butter
75 ml Maissirup
Muskat
30 ml brauner Rum (nach Geschmack)
Zimtstangen

Geben Sie den Saft, die Butter und den Sirup in einen Topf und erhitzen Sie das Getränk unter ständigem Umrühren, bis die Butter vollständig geschmolzen und der Butterrum schön heiß ist. Er darf auf keinen Fall kochen! Gießen Sie ihn in Gläser oder Tassen, fügen Sie nach Geschmack noch etwas Rum hinzu und servieren Sie ihn mit einer Zimtstange.

Ergibt 8 Portionen.

Kulinarisches Allerlei

Schnell gemachter Brotaufstrich

200 g Oliven, abgetropft und feingeschnitten
60 g gehackte Wal- oder Pekannüsse
500 g Frischkäse, Raumtemperatur
2–3 Teelöffel Mayonnaise
Grüne Lebensmittelfarbe (optional)

Mischen Sie alle Zutaten im Mixer.

Diese Menge reicht aus, um einen aufgeschnittenen Laib Brot damit zu bestreichen.

Gefüllte Selleriestangen

Da die Julzeit eine hektische ist, habe ich immer einen Bund Selleriestangen im Kühlschrank. Man kann damit eine wunderbare Vorspeise für unerwartete Gäste bzw. eine gesunde Zwischenmahlzeit für die Kinder zaubern.

1 Bund Selleriestangen
4 Teelöffel Mayonnaise

250 g Frischkäse, Raumtemperatur
Paprikapulver

Waschen Sie die Selleriestangen und schneiden Sie sie in fünf bis acht Zentimeter lange Streifen. Vermischen Sie den Frischkäse mit der Mayonnaise und geben Sie sie auf die Selleriestücke. Besprenkeln Sie sie mit Paprikapulver.

Ergibt 8 bis 10 Portionen.

Schneecreme

Wenn Sie das Glück haben, in einer Gegend zu leben, in der zu Weihnachten Schnee fällt, sollten Sie dieses Rezept ausprobieren. Es ist kinderleicht zuzubereiten, und die Kinder lieben es, sich aufzuwärmen und dabei dieses Dessert zu essen, nachdem sie stundenlang im Schnee gespielt haben.

1 Schüssel voll Schnee (nehmen Sie frischgefallenen von draußen!)
¼ Teelöffel Bourbon-Vanille
50 – 100 g Zucker
Süße Sahne

Vermischen Sie den Zucker und die Vanille mit dem Schnee. Fügen Sie ein wenig Sahne hinzu, bis das Dessert cremig ist.

Ergibt 1 Portion.

Rentier-Sandwiches

1 Scheibe Sandwich- oder Toastbrot für jedes Sandwich
Erdnußbutter
Kleine Brezel
Rosinen
Maraschinokirschen

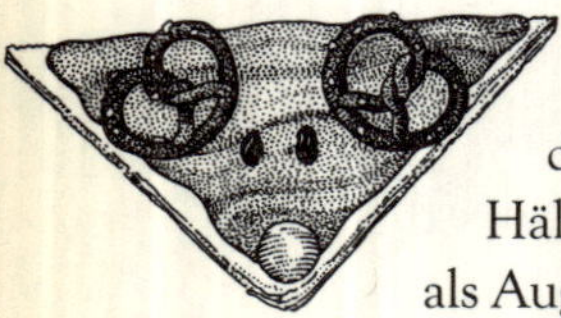

Bestreichen Sie die Brotscheibe großzügig mit Erdnußbutter, schneiden Sie sie dann diagonal entzwei. Belegen Sie jede Hälfte wie auf der Abbildung mit zwei Brezeln als Augen, zwei Rosinen als Nasenlöchern und einer Kirsche als Mund.

Kaffeelöffel

Die schönste Art, Kaffee oder heiße Schokolade zu servieren, ist mit diesen kandierten Kaffeelöffeln. Sie schmecken vorzüglich und sehen so schön aus, daß Sie sie sogar verschenken können.

Plastiklöffel
Milchschokoladenstücke
Puderzucker
Schokoladenstreusel
Kristallzucker
Backpapier

Schmelzen Sie die Schokoladenstücke in der Mikrowelle (20 bis 30 Sekunden auf höchster Stufe). Rühren Sie so lange um, bis die Schokolade vollständig geschmolzen ist. Tauchen Sie die Löffel in die Schokolade, aber lassen Sie den Griff frei. Tauchen Sie nun manche der Löffel in den Kristallzucker, andere in die Schokoladenstreusel und wieder andere in den Puderzucker. Lassen Sie sie auf dem Backpapier trocknen und benutzen Sie sie dann, um Kaffee oder heiße Schokolade umzurühren.

Tip: Wenn Sie die Löffel verschenken möchten, verpacken Sie sie in buntem Zellophan und binden Sie eine Schleife darum.

Teil 4

Eigene Traditionen erschaffen

Das Heraufdämmern der Sonnwende*)

Es war das Heraufdämmern der Sonnwende
Der kürzeste Tag im Jahr
Und wir jubelten der Mutter zu,
Denn ihre Entbindung war nah
Und als wir die rosa Streifen sahen,
Die hell über dem Himmel lagen
Wußten wir, daß sie nun gleich käme
Dann hörten wir der Mutter kurzes Klagen
Und in diesem Augenblick
Erschien ein Streifen, der heller war
Orange, dann gelb, dann weiß war er
Und es lachte und jubelte die ganze Schar
Dann badete uns der erste Sonnenstrahl
In seinem gleißenden Licht
Und wir wußten, daß die leuchtende Sonne
Das Dunkel der Nacht durchbricht
Und sie stieg in den Himmel – nur ein kleiner Ball –
Um unsere Herzen und unsere Erde zu wärmen ...
Eine fröhliche Sonnwende für Euch all'!

*) Bearbeitet von Dorothy Morrison nach dem Gedicht »A Visit from St. Nicholas« von Clement C. Moore aus dem Jahre 1823

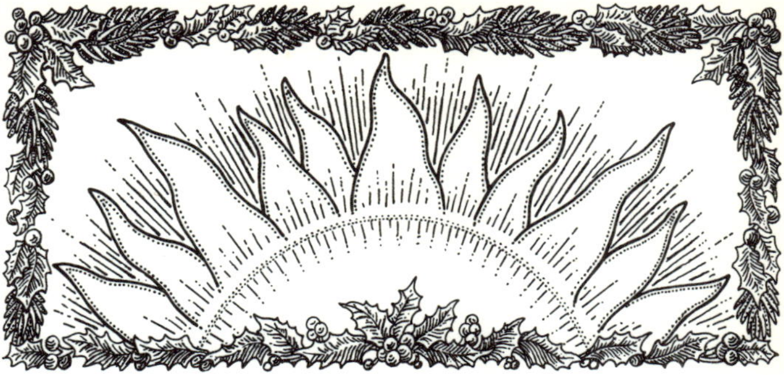

17

Eigene Weihnachtsrituale

Da ich in einer christlichen Familie aufgewachsen bin, war Weihnachten als Kind ein sehr wichtiges Fest für mich. Ich tagträumte schon lange vor dem Festtag vom Weihnachtsmann und machte mir Gedanken darüber, was für Geschenke er mir wohl bringen würde. Der Advent war immer eine besonders magische Zeit, nicht so sehr wegen des Weihnachtsmanns, sondern vielmehr wegen der weihnachtlichen Rituale, die meine Eltern eingeführt hatten.

Die Feiertage begannen für uns am Tag nach Thanksgiving und dauerten bis zum ersten Januar an. Zuerst stellten wir den Weihnachtsbaum auf. Mein Vater schmückte den Baum mit einer Lichterkette (dies mußte auf eine ganz gewisse Weise geschehen), während wir den Baumschmuck auspackten. Das Schmükken des Baumes nahm einen ganzen Nachmittag in Anspruch.

Außerdem buken wir Kekse und führten lebhafte Diskussionen über die vergangenen Weihnachten. (Die Geschichte von unserer Mutter, die fast das Haus abgefackelt hatte, als sie einmal Kerzen anstelle der Lichterkette am Baum anbrachte, wurde jedes Jahr erzählt.) Es war ein fröhlicher, wundervoller Tag, der erst dann zu Ende ging, wenn jede Ecke des Hauses weihnachtlich erstrahlte.

Am 2. Dezember machten wir Kinder eine Liste mit all unseren guten und schlechten Taten des Jahres. Wir legten sie gemeinsam mit unserer Wunschliste für den Nikolaus auf den Küchentisch. Der sollte dann am 6. Dezember kommen, und wir hängten am Nikolaus-Tag schon bei Tagesanbruch unsere Socke in der Küche auf, bevor wir in die Schule gingen. Am Abend, mitten beim Essen, war dann ein lauter Krach im Wohnzimmer zu hören, und wir wußten, daß der Nikolaus gekommen war. Er hatte Äpfel, Orangen, Nüsse und Süßigkeiten durch das Fenster geworfen, weil wir brav gewesen waren. (Die schlimmen und unehrlichen Kinder bekamen nur Asche.) Wir rafften die Geschenke zusammen und packten sie in die Papiertüten, die bereitlagen, und gingen in die Küche zurück, um zu sehen, ob er unsere Socken gefüllt hatte. Sie waren jedes Mal zum Bersten gefüllt mit kleinen Geschenken, die unsere Herzen höherschlagen ließen.

Die folgenden achtzehn Tage waren auch voller Weihnachtsrituale: Wir schrieben Karten, kauften ein, buken, bastelten Geschenke und Baumschmuck, gingen zu Weihnachtsfeiern von Freunden und sangen Weihnachtslieder in den Altenheimen und Krankenhäusern.

Und dann kam der Heiligabend. Nach dem Festessen, bestehend aus gebratenen Austern und Shrimps, gingen meine Schwestern und ich voller Erwartung nach oben. Wir warteten eine halbe Ewigkeit und dann, endlich, läuteten die Glocken. Das bedeutete, daß der Weihnachtsmann gekommen war. Wir liefen so schnell wir konnten die Treppe hinunter in der Hoffnung, einen Blick auf ihn zu erhaschen, aber trafen jedes Mal nur unsere Eltern und einen Haufen Geschenke an.

Nachdem wir uns beruhigt hatten, las unser Vater die Geschichte des Christkinds aus der Bibel vor. Mama las anschließend das Gedicht »The Night Before Christmas« (dtsch.: »In der Nacht vor dem Christfest«) vor. Dann packten wir unsere Geschenke aus, lachten und spielten, tranken Eierlikör und Cidre aus Kristallgläsern und sangen unsere liebsten Weihnachtslieder. Anschließend gingen wir in die Mitternachtsmette und danach gab es noch einen Mitternachtssnack. Bevor wir erschöpft ins Bett fielen, hängten wir noch unsere Socken auf. (Der Weihnachtsmann schaffte es immer zwei Mal, bei uns vorbeizukommen, einmal um die Geschenke an Heiligabend zu bringen und dann noch einmal, um die Socken zu füllen.)

Am Weihnachtstag gab es immer einen Truthahnbraten, den wir von Mamas gutem Porzellan aßen. Wir entkorkten den Pfirsichwein, den ich im Sommer gemacht hatte, und stießen an. Zum Nachtisch gab es Mincemeat Pie, Miz Sadie's Pekannuß-Traum, verschiedene Kekse und Pekannuß-Pralinen. Es war ein wundervolles Fest in Saus und Braus. Wir aßen alle viel zu viel und verbrachten den Nachmittag damit, uns davon zu erholen.

Inzwischen bin ich erwachsen, verheiratet und wohne ganz woanders. Mein Mann und ich haben viele der Rituale meiner Eltern übernommen, haben aber auch unsere eigenen hinzugefügt. Die Feiertage beginnen bei uns auch am Tag nach Thanksgiving, und der Nikolaus schneit auch jedes Jahr bei uns vorbei. Da ich Heidin bin und mein Mann Christ ist, feiern wir sowohl die Wintersonnwende als auch das Weihnachtsfest.

Wir begrüßen die Sonnwende am Morgen mit diesem Trinkspruch auf das alte Jahr (wir stoßen mit Apfelsaft an):

Wintertag mit der längsten Nacht,
Viel Gutes hast Du uns gebracht,
Doch damit der älteste Kreislauf nicht bricht,
Mach jetzt Platz dem hellen Licht.

Dann bedanken wir uns für die Gaben der Dunkelheit – Erneuerung, Frieden, Träume, Organisation, Stille etc. – und trinken den Saft.

Am Abend entzünden wir den Julscheit durch ein brennendes Stück Holz vom Julscheit des Vorjahres, trinken heißen Butterrum und begrüßen die Sonne mit diesen Worten:

Alter König, Dank sei Dir,
Du lehrtest mich vieles und dientest mir.
Trotzdem ist der Tag des Abschieds gekommen,
Die Zeit Deiner Herrschaft ist nun zerronnen.

Komm heran, junger König des neuen Lichts,
werde stark und hell, Deine Geburt störe nichts.
Erlange Stärke und Größe am Firmament,
Damit ein jeder Deine Ankunft erkennt.

Anschließend wünschen wir uns still etwas für das kommende Jahr und tauschen Geschenke aus.

Am nächsten Morgen trinken wir mit Orangensaft auf die Sonne:

Oh, neugeborene Sonne, geh' auf schnell,
Verbreite Liebe, scheine hoch und hell,
Erlange Macht und Kraft dort oben,
Und wir, wir woll'n Dich ehren und loben.

Bis Heiligabend stoßen wir täglich morgens mit Orangensaft an und tauschen kleine Geschenke aus. Jeder bekommt täglich ein kleines Präsent. Die meisten Geschenke werden aber vom Weihnachtsmann am Heiligabend gebracht. Dann ist das Wohnzimmer voller Päckchen. Wir vergessen nie, unsere Socken aufzuhängen, denn auch heute schafft der Weihnachtsmann es noch zwei Mal, bei uns vorbeizukommen!

Den Weihnachtstag verbringen wir mit guten Freunden. Da unsere beiden Familien keine Verwandten haben, die bei uns in der Nähe wohnen, haben wir einander adoptiert, als wir nach Missouri zogen. Wir wechseln uns mit der Zubereitung des Festmahls ab und verbringen den restlichen Tag miteinander, mit einem wärmenden Gefühl der Freude und Freundschaft.

Unsere Feiertage enden nicht am Weihnachtstag. Neujahr ist auch ein wichtiges Fest für uns. Ich bereite ein traditionelles Gericht, bestehend aus schwarz-gesprenkelten Bohnen und einem wunderbaren Festtagsbraten, der Südstaaten-Ente (siehe Kapitel 16) zu. Ich serviere es den Freunden meines Mannes, mit denen er auf Entenjagd geht, mit Wildreis, selbstgebackenem Brot und Gemüse. Anschließend gibt es einige Desserts zur Auswahl. Diese relativ junge Tradition, ein Abendessen mit anfänglich fünf Gästen, ist nun zu einem wichtigen gesellschaftlichen Ereignis geworden – inzwischen kommen über dreißig Leute. Ich würde gerne glauben, daß meine Kochkünste dafür verantwortlich sind, es liegt aber an etwas ganz anderem: an der Kameradschaft, der Freundschaft und der Freude daran, das neue Jahr gemeinsam zu begrüßen.

Unsere Feiertags-Rituale sind auf unsere Vorstellungen und Bedürfnisse zugeschnitten, Sie haben womöglich ganz andere Ideen. Deswegen erschaffen die meisten auch ihre eigenen Traditionen. Meine Freundin Anne-Marie feiert zum Beispiel die Sonnwende als Höhepunkt der Feiertage. Am Vorabend wird das Julfeuer entzündet, und ihre Familienmitglieder halten abwechselnd Wache, um sicherzugehen, daß es nicht ausgeht.

Am Tag der Sonnwende steht ihre Familie um sechs Uhr morgens auf und fährt dann zur nahegelegenen Fußgängerbrücke bei der Universität von Minnesota, die über den Mississippi führt. Dort mischen sie sich unter die Menschen, die die Ankunft der Sonne und die ersten Farben, die den kalten, finsteren Winterhimmel erleuchten werden, sehnsüchtig erwarten. Sie singen Lieder zu Ehren der Nacht und der großen Mutter Natur, der neugeborenen Sonne und des wiederkehrenden Lichts. Sie halten sich an den Händen und tanzen und bitten die große Mutter darum, die Sonne zu gebären. Dann erhellt das Licht den Winterhimmel und spiegelt sich in dem Fluß wieder. Die Sonne wird neugeboren.

Ganz gleich, wie Sie Ihre Feiertage gestalten, es ist wichtig ,sich seine eigenen Rituale zu schaffen. Sie geben Familien Zusammenhalt und verzaubern jene, die sich einsam fühlen. Es ist nicht schwer, sich seine eigene Weihnachtstradition zu erschaffen. Man muß nur kreativ sein und die Ideen, die man hat, in die Tat umsetzen. Unser Neujahrsessen war ja auch eine spontane Idee, die größere Ausmaße annahm, als wir je gedacht hätten. Lassen Sie Ihrer Kreativität freien Lauf, erschaffen Sie Ihre Traditionen und sehen Sie ihnen beim Wachsen und Gedeihen zu.

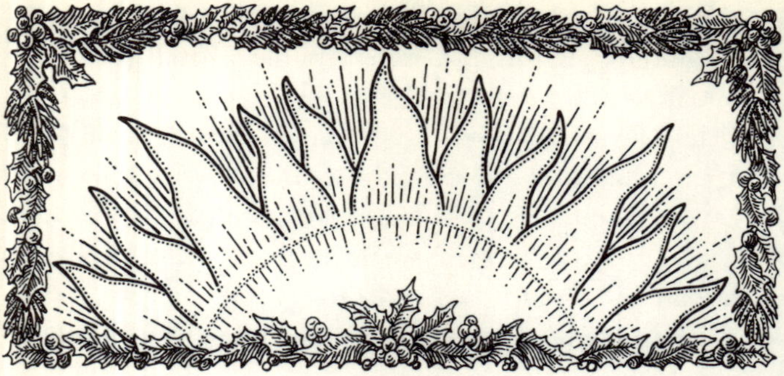

18

Feiertagskalender

In diesem Kapitel finden Sie einen Kalender mit Vorschlägen, wie Sie die Feiertage verbringen können. Ich habe mich bemüht, die Feste richtig zu datieren, doch manchmal ist das nicht so einfach, da manche von Jahr zu Jahr anders fallen, meistens wegen des Mondkalenders. Bei anderen wiederum gehen die Meinungen der Historiker auseinander. Deswegen ist es möglich, daß Sie manche Feste an anderen Tagen feiern, als hier aufgeführt. Wenn das der Fall sein sollte, ist es natürlich Ihnen überlassen, das Datum zu wählen, das Ihnen am geeignetsten erscheint.

Lassen Sie sich von diesem Kalender inspirieren, ehren Sie die Götter und begrüßen Sie das wiederkehrende Licht. Seien Sie heiter, lachen Sie und genießen Sie diese wundervolle Zeit des Jahres. Dann entstehen die schönsten Rituale!

1. Dezember

Dieser Tag ist Poseidon, dem griechischen Gott der Meere, gewidmet. Beginnen Sie den Tag, indem Sie mit Ihrer Familie mit Wasser auf ihn anstoßen und etwas sagen wie:

Der Meere und Wiedergeburt Gott, groß Du bist
Uns're Liebe und Demut Dir sicher ist
An diesem neuen Tag beginnt ein neues Leben
Du sollst uns Deinen Segen geben

Da Poseidon auch der Gott der Wiedergeburt ist, ist dies auch ein guter Tag, um Dinge zu tun, die Sie schon länger vor sich herschieben, und sie zu finalisieren. Machen Sie daraus ein Familienprojekt, belohnen Sie sich, indem Sie einen Ort aufsuchen, an dem Sie noch nie zuvor gewesen sind, probieren Sie ein neues Rezept aus oder spielen Sie ein neues Spiel. Es geht darum, etwas zu tun, das im Zeichen der Erneuerung steht, und dabei Spaß zu haben. Womöglich entwickelt sich daraus ja ein neues Ritual.

An diesem Tag können Sie auch Ihre Karten-Listen gemeinsam mit Ihren Familienmitgliedern erstellen. Sprechen Sie mit ihnen darüber, wie Weihnachtskarten anderen signalisieren, daß wir an sie denken, und wie sie ihnen ein Lächeln ins Gesicht zaubern und ihren Tag versüßen können. Vergessen Sie nicht, auch jene zu berücksichtigen, die sich besonders einsam fühlen.

2. Dezember

Am heutigen Tag feiern die Japaner Hari No Kuyo (das Fest der gebrochenen Nadeln). Er eignet sich besonders gut, um sich den femininen Künsten zu widmen. Basteln und nähen Sie, machen Sie Geschenke und dekorieren Sie. (Anregungen können Sie in anderen Kapiteln dieses Buches finden.)

Am heutigen Tag schleicht sich auch der Nikolaus ins Haus, um festzustellen, ob die Kinder ehrlich sind. Wenn Sie Kinder haben, lassen Sie sie Listen mit ihren guten und schlechten Taten des vorangegangenen Jahres erstellen, insbesondere dann, wenn Sie den Nikolaus-Tag am 6. Dezember feiern möchten.

Nehmen Sie sich heute ein wenig Zeit dafür, Ihre Weihnachtskarten zu schreiben und zu verschicken. Sagen Sie, kurz bevor Sie Ihren Kartenstapel zur Post bringen, etwas wie:

Glück und Freude sei in diesen Karten,
Das wir denen wünschen, die auf sie warten
Mit Liebe und Freude sei'n sie versehen
Ihren Empfängern soll Gutes geschehen

3. Dezember

Am heutigen Tag wird das römische Fest der Bona Dea, der Patronin der Frauen gefeiert. Traditionellerweise wird dieses Fest nur von Frauen gefeiert. Es ist deswegen ein guter Anlaß, um Zeit mit den weiblichen Mitgliedern Ihrer Familie zu verbringen. Servieren Sie heißen Cidre, gedenken Sie Ihrer weiblichen Vorfahren und sprechen Sie über die Eigenschaften, die sie Ihnen vererbt haben. Reden Sie auch über andere Frauen, die Sie beeinflußt haben. Nehmen Sie sich dann an den Händen und tauschen Sie Ihre Gedanken über Weiblichkeit aus. Trinken Sie auf Bona Dea und sagen Sie etwas wie:

Creatrix im Himmel, Göttin der Frauen
Uns're Liebe und unser Gelächter sollst Du schauen
Sei gedankt für das Geschenk, das Du uns gebracht
Zu einem Teil des Lebens hast Du uns gemacht

Heute ist ebenfalls der Tag, an dem das griechische Fest zu Ehren Rheas, der Mutter Natur, stattfindet. Da Getreide traditionellerweise Bestandteil dieses Festes ist, ist dies ein guter Tag, um Kuchen, Torten, Kekse und Brot zu backen. Danken Sie Rhea, bevor Sie die Zutaten mischen, mit folgendem Spruch:

Rhea, große Mutter der Erde und ihrer Gaben
Hab' Dank für die Früchte, an denen wir uns laben
Du teilst mit uns und nährest uns
Deshalb gebührt Dir uns're Gunst

4. Dezember

Der heutige Tag steht im Zeichen der Pallas Athene, der griechischen Göttin der Künste und der Weisheit. Machen Sie heute Weihnachtseinkäufe, basteln Sie Geschenke und Weihnachtsdekorationen. Zünden Sie, bevor Sie damit beginnen, eine Kerze an, und beten Sie zu Pallas Athene, dann wird ihr Segen Sie den ganzen Tag begleiten:

Der Weisheit und Kunst Göttin, die wir verehren
Unser Glück sollst Du mit Deinem Segen vermehren
Deine Führung und Weisheit erbitten wir
Denn heut' ist Dein Tag, und wir widmen ihn Dir

5. Dezember

Am heutigen Tag wird das Fest des Chango (der Gott des menschlichen Geistes der Santeria/der Yoruba) gefeiert. Dieser Tag bietet sich an, um die positiven Veränderungen des Lebens zu begrüßen und andere aufzubauen. Lassen Sie heute keine negativen Gefühle und Gedanken zu, lösen Sie Konflikte und tun Sie jemandem einen Gefallen. Versuchen Sie heute, Ihr Leben zum Positiven hin zu verändern. Bitten Sie Chango dabei mit folgenden Worten um Hilfe:

Chango, der die Menschheit schützt
Und uns mit seiner Weisheit nützt
Dort wo ich blind war, hilf mir sehen
Mein Herz soll aus Licht und Freude bestehen
Und mein Geist soll strahlen und scheinen
und auch der der Menschen, denn sie sind die Deinen
Leuchte uns als Stern in dunkler Nacht
Auf dem Weg, den wir gehen, gib gut auf uns acht

6. Dezember

Am heutigen Tag werden die Kinder dieser Welt vom Nikolaus besucht, der ihnen Geschenke macht. Wenn Sie sich nicht die Mühe machen wollen, die sich meine Eltern gemacht haben, füllen Sie ihre aufgehängten Socken, bevor sie von der Schule nach Hause kommen.

Dieser Tag steht zudem im Zeichen Odins. Sie könnten deshalb eine Runensuche in Ihrem Haus veranstalten. Verstecken Sie überall im Haus Runen. Ihre Familienmitglieder sollen dann nach ihnen suchen. Wenn alle Runen gefunden worden sind, interpretieren Sie sie für sie. (Informationen hierzu finden Sie im Internet oder in Büchern.)

7. Dezember

Am heutigen Tag huldigen die Türken den Melvana, elfenähnlichen Geistern, die manche als Derwische des Universums bezeichnen. Wenn Sie sich überfordert oder gestreßt fühlen, gehen Sie mit einer Handvoll Thymian nach draußen und bitten Sie die Melvana um ihre Hilfe:

Wirbelnde Elfen, wogende Geister
Erbarmt Euch, seid meiner Arbeit Meister
Ich bin eine(r), Ihr seid viele
Mit Euch gleicht die Arbeit einem Spiele

Pusten Sie den Thymian aus Ihrer Handfläche, beobachten Sie, wie er zu Boden fällt, und machen Sie sich dann an die Arbeit. Sie wird sich wie von selbst erledigen.

8. Dezember

Die Ägypter feiern am heutigen Tag das Fest der Neith, der Schöpfergöttin, die die Sonne erstmals zum Aufgehen brachte. Die Japaner feiern heute auch die Geburt der Sonnengöttin Amaterasu. Zollen Sie diesen Göttinnen Ihren Respekt, indem Sie etwas singen wie:

Große Göttin Neith, die die Sonne gebar
Die des Tages scheint, so hell und so klar
Und Amaterasu, Kugel aus Gold
Die uns hüllt in ihr warmes Gewand, so hold
Wir danken Euch und Euren Segen
Sollt Ihr auf unser Leben legen

Wenn Sie das Gefühl haben, daß jemand Sie schlecht behandelt hat, dann ist dies ein guter Tag, um manches klarzustellen, da der heutige Tag auch im Zeichen der Astraea, der griechischen Göttin der Gerechtigkeit steht. Bitten Sie sie mit folgendem Gedicht darum, Gerechtigkeit walten zu lassen:

Astraea, so unvoreingenommen,
Gerechtigkeit ist von Dir gekommen
Gutes und Schlechtes hast Du gegeben
Jedem das, was er verdient hat im Leben

Königin der Gerechtigkeit, erhöre mich,
Bring mir mein Urteil, ich bitte Dich

9. Dezember

Heute ist der erste Tag des japanischen Daikon Daki Festes, bei dem Radieschen für alle gekocht werden, die den Ryotokuji Tempel in Kyoto aufsuchen. Symbolisch gesehen ist dies ein Fest der Finsternis und des Lichts, da Radieschen (helle Kugeln) in der Dunkelheit der Erde heranwachsen. Zelebrieren Sie dieses Fest, indem Sie zu Mittag Radieschen mit folgendem Gedicht servieren:

Kleine Kugeln, der Sonne gleich
Geboren in des Dunkels Reich
Füllt unsre Herzen mit der Wärme der Sonne
Und bringt mit jedem Bissen uns Wonne

Tonatzin, der mexikanischen Göttin der Gesundheit, wird heute ebenfalls mit einem Fest gehuldigt. Zollen Sie Ihr Respekt, indem Sie Äpfel als Nachspeise servieren, und bitten Sie sie mit diesem Gedicht darum, Ihre Familie zu segnen:

Oh, Mutter der Gesundheit, Tonatzin, große
Wir alle gedeihen in Deinem Schoße
Mach' uns gesund, gib uns Deinen Segen
Uns're Verehrung wir in diese Äpfel legen

10. Dezember

Die Franzosen feiern heute Libertas, die Göttin der Freiheit. Die Römer huldigen ihr auch in einem Fest namens Lux Mundi, was Licht der Welt bedeutet. Führen Sie am heutigen Tag ein Gespräch über Freiheit und darüber, was sie jedem einzelnen Familienmitglied bedeutet. Muntern Sie Ihre Familie dazu auf, negative Assoziationen und Situationen, die ihrem persönlichen Wachstum im Weg stehen, aufzugeben bzw. zu lösen. Zünden Sie anschließend eine weiße Kerze zu Ehren der Libertas an und sagen Sie etwas wie:

Libertas, die Freiheit beschützest Du
Geleit' uns're Wege und zeig uns im Nu,
wie wir erfüllen können uns're Wünsche und Träume
eröffne uns neue, grenzenlose Räume
Schenk' uns Stärke und mach' uns frei
Bringe Mut und Tapferkeit uns herbei

Am heutigen Tag gedenken die Eskimos der geschlachteten Wale. Essen Sie aus diesem Grund heute keinen Fisch und danken Sie den Wasserbewohnern, die Sie im Laufe des Jahres verspeist haben, mit diesem Gedicht:

Ihr Fische, unsere Freunde im kühlen Naß,
wir danken Euch für alles, das
Ihr uns von Euch gegeben
Ihr nährt uns und haltet uns am Leben
Wir ehren und lieben Eure Gaben
Dafür sollt Ihr unseren Segen haben

11. Dezember

Heute feiern wir Bruma, die römische Göttin des Winters. Wenn Sie in einer Gegend leben, in der Schnee liegt, gehen Sie nach draußen und bauen Sie eine Schneegöttin. Machen Sie Schnee-Engel, gehen Sie Schlitten fahren, machen Sie eine Schneeballschlacht. Machen Sie Schneecreme (siehe Kapitel 16), genießen Sie diesen Tag und danken Sie Bruma mit folgenden Worten für die Schönheit des Winters:

Göttin von Schnee und Kälte und Eis
Für den Glanz, den Du der Erde verleihst
Sei Dir gedankt und seist Du geehrt
Du hast uns schöne Träume beschert
Einen friedlichen Winter verdanken wir Dir
Bruma, Deinen Segen wünsche ich mir

12. Dezember

In Mexiko wird heute das Fest der schwarzen Madonna (Tonatzin) gefeiert. Sie erschien Juan Diego auf einem Berg am 12. Dezember 1531 und bat ihn darum, den Tempel, der einst dort gestanden hatte, wiederaufzubauen. Da er dachte, die Mutter Maria sei ihm erschienen, suchte er einen christlichen Geistlichen auf, doch der glaubte ihm nicht. Also ließ Tonatzin Blumen an der Stelle, an der der Tempel gestanden hatte, wachsen. Sie ist die Patronin Mexikos, Nord-, Mittel- und Südeuropas und der Kinder und Ungeborenen.

Bitten Sie die schwarze Madonna am heutigen Tag darum,

Ihre Kinder zu segnen und die Wiedergeburt der Sonne zu unterstützen. Zünden Sie ihr zu Ehren eine hellblaue Kerze an und sagen Sie etwas wie:

Gesegnete Madonna, Du bist groß
Wir bitten Dich, hüte uns in Deinem Schoß
Beschütze uns, hör unser Flehen
Mit Deiner Liebe durch's Leben zu gehen
Erzwinge die Geburt der Sonne
So daß sie scheint zu unserer Wonne
Mutter von allem, ich ehre Dich
Segne und bewache mich

13. Dezember

Am heutigen Tag gibt es einiges zu feiern, so zum Beispiel das Fest der Santa Lucia (die christianisierte Version der Sonnengöttin Lucina), der Lichtbringerin. In Schweden kleidet sich heute die älteste Tochter der Familie morgens in ein weißes Kleid mit einer roten Schärpe und stellt einen Kranz aus Kerzen auf ihren Kopf, der das sich ausbreitende Licht symbolisiert. Sie bringt dann ein Frühstückstablett mit heißen Hefe-rollen mit Safran und Kaffee in das Schlafzimmer ihrer Eltern, wobei ihr ihre Brüder und Schwestern in einer Kerzenlichtprozession folgen. Ein Kranz aus Kerzen sieht natürlich schön aus, ist aber auch ziemlich gefährlich. Verzichten Sie deswegen darauf und zünden Sie lieber Kerzen beim Frühstück an. Ermuntern Sie währenddessen die Sonne mit folgendem Gedicht zu wachsen:

Kälteste Dunkelheit, schmelz' hinfort
Sonnenlicht, wachs' über diesem Ort
Wärm' unsere Körper, Herzen, die Erde
Damit das Leben heiter werde

Koto-Hajime, das japanische Fest der Anfänge, findet ebenfalls heute statt. Nutzen Sie die Gelegenheit und beginnen Sie heute etwas Neues, schließen Sie Frieden mit sich und der Welt und lösen Sie sich von der Vergangenheit. Ich zaubere heute gerne ein wenig, um schlechte Angewohnheiten loszuwerden. Schreiben Sie die schlechte Angewohnheit auf ein Stück Papier und verbrennen Sie es in einem feuerfesten Behälter, während Sie Folgendes singen:

Brenn, Papier, und (Angewohnheit), verschwinde,
Ihr Zwänge, an die ich mich lange schon binde
Geht fort, ich kann Euch nicht mehr hören
Mein Glück, meine Freiheit könnt Ihr nicht mehr stören

Spülen Sie die Asche die Toilette hinunter oder werfen Sie sie in ein fließendes Gewässer.

Heute beginnt außerdem der runische Halbmonat Jara, der die Vervollständigung des kosmischen Kreislaufs und die Verbindung der irdischen und der spirituellen Welt symbolisiert. Heute ist ein guter Tag für Wunschzauber. Schreiben Sie Ihren Wunsch auf ein Lorbeerblatt (Sie können auch ein Symbol dafür zeichnen) und zünden Sie es mit einem Streichholz an. Beobachten Sie, wie es in einem feuerfesten Behälter verbrennt. Ihr Wunsch wird bald in Erfüllung gehen.

Die Griechen huldigen heute Demeter, der Göttin der

Fruchtbarkeit und des Ackerbaus. Bereiten Sie ihr zu Ehren ein Essen bestehend aus Gemüse und Getreide zu und sagen Sie, bevor Sie es essen, Folgendes:

Große Göttin aller Pflanzen der Welt
Die ihre Früchte am Leben hält
Bitte segne dieses Essen
Dich zu ehren woll'n wir nicht vergessen

14. Dezember

Heute beginnen die Halcyon-Tage, ein griechisches Fest zu Ehren der Göttin Alkyone, die in einen Eisvogel verwandelt wurde. Die Feierlichkeiten erstrecken sich über vierzehn Tage und gedenken der Beruhigung der stürmischen See. Dies ist auch eine Zeit für die Beruhigung unserer selbst. Widerstehen Sie dem Impuls, sich zu streiten. Beginnen Sie jeden Tag, indem Sie Alkyone um ihren Segen bitten:

Lächeln, Freude, Liebe und Frieden
Sei mir durch Dich, Alkyone, beschieden
Laß hell und leuchtend sie in mir scheinen
Berühren soll sie auch all die Meinen

Heute findet auch Soyal, ein Fest der Hopi zu Ehren der Spinnenfrau, der Schöpfergöttin, statt. Der heutige Tag eignet sich gut dazu, phantasievoll zu sein, Projekte in Angriff zu nehmen und Ideen in die Tat umzusetzen. Ich bastle an diesem Tag gerne magische Geschenke wie Badesalze, Kerzen etc. Bitten

Sie die Spinnenfrau mit folgendem Spruch um ihren Segen, bevor Sie mit dem Basteln beginnen:

Du schöpferische Frau der Spinnen
In deren Schoß Mond und Sonne beginnen
Inspiriere und segne, was ich tu,
Befrei'n von Blockaden kannst mich nur Du
Laß fließen meine kreativen Säfte
Erwecke in mir neue Kräfte

15. Dezember

Der Vollmond vor der Wintersonnwende wird Eichenmond genannt. Die Eiche symbolisiert die männlichen Aspekte der Göttlichkeit und den Austausch zwischen der irdischen und der spirituellen Welt. Ihr Stamm und ihre Äste recken sich gen Himmel, während sie fest mit der Erde verwurzelt ist. Selbst im Winter entsteht neues Leben an ihren Ästen in Form von Misteln – ein Zeichen dafür, daß das Leben sich ständig erneuert.

Machen Sie sich während des Eichenmondes bewußt, daß Sie ein ebenso integraler Bestandteil der unsichtbaren wie der materiellen Welt sind. Feiern Sie das Göttliche und die Wiederkehr des Lichts, indem Sie Ihre Familienmitglieder mit Mistelzweigen schmücken und jedem davon eine Kerze schenken, um ihn/sie daran zu erinnern, daß wir alle einzelne Strahlen der Sonne sind, die wir erwarten.

16. Dezember

Der heutige Tag steht im Zeichen der Weisheitsgöttinnen Sapienta (römisch) und Sophia (griechisch). Spielen Sie heute Spiele wie Trivial Pursuit, Scrabble oder Scharaden. Sollte es Ihnen schwerfallen, eine knifflige (Spiel-)Aufgabe zu lösen, wenden Sie sich mit folgenden Worten an Sapienta und Sophia:

Ihr weisen Göttinnen, schenkt mir die Antwort
Und ich ehre Euch, der Klugheit Hort

Wenn die Göttinnen Ihnen behilflich sind, zeigen Sie sich erkenntlich, indem Sie ihnen zu Ehren eine Kerze anzünden.

Wenn Sie nicht gerne spielen, können Sie den Tag auch dazu nutzen, Probleme zu lösen. Bitten Sie die Weisheitsgöttinnen um ihre Unterstützung:

Sapientia, Sophia, Ihr weisen Frauen
Laßt mich des Rätsels Lösung schauen
Eure Weisheit, Wissen, Gnade
Brauche ich so dringend grade
Nehmt fort die negative Energie
Zurückkehren soll sie nie

17. Dezember

Mit dem heutigen Tag beginnen die Saturnalien. Laden Sie Freunde zu einem Essen, einem Geschenkaustausch oder zu einem Kostümfest ein. Überlassen Sie Ihren Kindern die Menüplanung, um dem Gott des Chaos zu huldigen, oder besser noch, bitten Sie jemand, sich als Herr des Chaos zu verkleiden.

18. Dezember

Die Letten feiern heute die Wintersonnwende. Einer Legende zufolge, erscheinen an diesem Tag vier mit Geschenken beladene Geister, um die Geburt von Diev, dem Sonnengott, anzukündigen. Die Geister sind eine lettische Version des Weihnachtsmannes, und die Häuser der Letten werden großzügig geschmückt, um sie anzuziehen. Ehren Sie Diev und sein Gefolge, indem Sie fünf Narzissen und andere gelbe Blumenzwiebeln in einen Topf pflanzen. Zünden Sie eine Kerze an und segnen Sie die Blumenzwiebeln mit folgendem Gedicht:

Diev, diese Knollen pflanz ich für Dich ein
Ihr Wachstum soll dem Deinen ein Spiegel sein
Und wenn ihre Blüten in den Himmel reichen
Soll Dein schönes Lächeln nicht mehr von ihnen weichen

19. Dezember

Heute findet das Opalia-Fest zu Ehren von Ops, der römischen Göttin des Erntesegens und der Fruchtbarkeit statt. Backen Sie heute Kekse, Kuchen oder Brot. Segnen Sie es mit diesen Worten:

Ops, Weizen und Korn sind es, die Du beschützt
Deine Weisheit hat uns viel genützt
Denn Dein Wissen hat uns gelehrt
Wie es wächst, das Korn, das uns ernährt

Heute findet ebenfalls Pongol, die hinduistische Sonnwendfeier zu Ehren der Sonnengöttin Sankrat statt.

20. Dezember

Am heutigen Tag wird in China Tsao Chun, das Fest des Küchengottes gefeiert. Es ist dort üblich, daß sich Frauen an diesem Tag von der Küche fernhalten. Überlassen Sie also heute den Männern das Feld und lassen Sie sie den Gott der Küche mit folgendem Gedicht um seine Unterstützung bitten:

Küchengott, erhör uns nun,
unterstütze uns bei uns'rem Tun
Mach uns're Speisen köstlich und gut
Laß sie jedem schmecken, der sich daran gütlich tut.

Das nordische Fest zu Ehren der Mutter Nacht (auch Modres-Nach oder Mudda Nacht genannt), der Bringerin prophetischer Träume, findet ebenfalls heute statt. Wenn Sie in Ihre Zukunft sehen wollen, zünden Sie abends eine Lorbeerkerze an und legen Sie einen gelben Edelstein und ein Zweiglein Beifuß unter Ihr Kissen. Legen Sie, bevor Sie zu Bett gehen, einen Block und einen Stift auf Ihren Nachttisch (damit können Sie ihre Träume aufschreiben) und bitten Sie die Mutter Nacht um Ihre Unterstützung:

Dunkelste Mutter der tiefen Nacht
Nun, da der Tag mir das Seine gebracht
Bring mir Träume, in denen ich seh'
Wohin Du möchtest, daß ich geh'

21. Dezember

Das druidische Fest Alban Arthuan wird heute gefeiert. Ein wichtiger Bestandteil davon ist die Barmherzigkeit und das Beschenken der Armen. Leisten Sie Ihren Beitrag, indem Sie Geld spenden oder den Obdachlosen etwas schenken.

Heute ist der kürzeste Tag des Jahres, der Tag der Wintersonnwende. Stehen Sie bei Morgengrauen auf und kleiden Sie sich in feurige Farben (gelb, gold, orange oder rot), läuten Sie dann Glöckchen, um die Dunkelheit zu vertreiben. Hängen Sie Sonnenblumen in die Bäume, um die Sonne zu begrüßen, und binden Sie zu Ehren des Himmels, der Mutter der Sonne, blaue Schleifen darum. Verabschieden Sie die Finsternis bei Anbruch der Dunkelheit mit folgendem Gedicht:

Leb wohl, Dunkelheit, Du hast uns Gutes gebracht
Wir fanden Frieden und Ruhe in Deiner Herrschaft der Nacht
Erholung und Zeit, das Leben zu überdenken
Drum woll'n wir Dir unsere Dankbarkeit schenken
Doch nun ist die Zeit, Lebewohl zu sagen
Der Wind soll Dich in die Ferne tragen

Entzünden Sie dann den Julscheit mit einem Stück des Julscheits des Vorjahres mit diesen Worten:

Leb' wohl, alter König, sei gegrüßt, Du neuer
Dieser Scheit soll zeigen, daß Ihr uns seid teuer
Die alte Herrschaft endet, eine neue beginnt
Willkommen, neue Sonne, Dunkel verschwind'

Schreiben Sie, während das Feuer flackert, Wünsche auf ein Blatt Papier und werfen Sie es in das Feuer. Küssen Sie sich unter einem Mistelzweig, tauschen Sie Geschenke aus und seien Sie heiter. Vergessen Sie nicht, ein Stück des Julscheits für das nächste Jahr aufzubewahren!

Julrituale

Bitte betrachten Sie die Vorschläge auf den folgenden Seiten nur als solche. Personalisieren Sie sie, seien Sie kreativ, haben Sie Spaß damit!

Ritual
1 Stechpalmenzweiglein
1 Eichenblatt
1 Glöckchen (Osten)
1 rote Kerze (Süden)
1 kleine Schüssel gefüllt mit Eiswasser (Westen)
einige Eicheln (Norden)
Räucherstäbchen (optional)
Julscheit
Kuchen und Getränke Ihrer Wahl

Begeben Sie sich dorthin, wo Sie Ihren Julscheit entzünden

möchten. Legen Sie ihn in die Mitte der Feuerstelle. Legen Sie das Glöckchen, die Kerze, die Wasserschüssel und Eicheln kreisförmig um den Julscheit, jedes in Richtung der vorgesehenen Himmelsrichtung. Wenn Sie möchten, zünden Sie ein Räucherstäbchen an. Begeben Sie sich an den östlichsten Punkt der Feuerstelle und rufen Sie die Geister des Ostens wie folgt an:

Ich beschwöre Euch, des Ostens große Geister
Kommt in diesen Kreis, bleibt, seid unsre Meister
Wirbelt und dreht Euch, schenkt dem Zauber Leben
Wir laden Euch ein, Ihr habt uns'ren Segen!

Heben Sie dann das Glöckchen auf und läuten Sie es, während Sie einmal im Uhrzeigersinn um die Feuerstelle gehen.

Zünden Sie nun die Kerze im Süden an und sagen Sie dabei Folgendes:

Ich beschwöre Euch, des Feuers Geister
Der Sonne, der Liebe, des Verlangens Meister
Erleuchtet unsere Magie, schenkt dem Zauber Leben
Wir laden Euch ein, Ihr habt uns'ren Segen!

Nehmen Sie die Kerze in die Hand und gehen Sie einmal im Uhrzeigersinn rund um die Feuerstelle, setzen Sie die Kerze ab und begeben Sie sich in den Süden. Rufen Sie die Götter des Westens folgendermaßen an:

Des kalten Winters nasse Geister
Des Eises, des Graupels, des Schnees Meister

Fließt in die Magie, schenkt dem Zauber Leben
Wir laden Euch ein, Ihr habt uns'ren Segen!

Besprenkeln Sie die Feuerstelle mit dem Eiswasser, während Sie im Uhrzeigersinn einmal um sie herumgehen.

Rufen Sie schließlich die Götter des Nordens an:

Der Erde tief verborg'ne Geister
Uns'rer Wurzeln warme Meister
Bringt uns Euren Reichtum, schenkt dem Zauber Leben
Wir laden Euch ein, Ihr habt uns'ren Segen!

Verteilen Sie die Eicheln auf der Feuerstelle, während Sie einmal um sie herumgehen.

Entzünden Sie nun den Julscheit und wünschen Sie sich etwas, sobald er brennt. Erzählen Sie die Geschichte der Stechpalme und des Eichenkönigs. Ehren Sie die beiden Könige mit dem Gedicht aus Kapitel 17 und werfen Sie das Stechpalmenzweiglein ins Feuer. Reichen Sie nun den Kuchen herum und trinken Sie das vorbereitete Julgetränk. Sagen Sie sich dabei gegenseitig:

Am kürzesten Tag, in der längsten Nacht
Mit der Wärme des Lichts seist Du bedacht

Beenden Sie das Ritual, indem Sie sich von den Geistern, im Osten beginnend, verabschieden:

Dank, daß Ihr kamt und bei uns wart
und Euch so freundlich habt gebart

Auf Eurer Heimreise grüßt das Licht
Sagt ihm, wir vermissen sein liebes Gesicht

Verabschieden Sie die übrigen Geister auf die gleiche Weise. Werfen Sie nun das Eichenblatt ins Feuer (und bewahren Sie ein Stück davon zusammen mit der Asche als Glücksbringer auf).

Reinigungsritual
Metallkessel (Hexenkessel)
Feuerzeug-Gas
Zündhölzer oder Feuerzeug
Papierschnitzel und Stifte*

Scharen Sie sich um den Kessel und sprechen Sie über die Aspekte der Dunkelheit. Denken Sie dann über all das nach, was Sie unnötigerweise mit sich herumschleppen, all den negativen Ballast, der sie beschwert, von dem Sie sich wünschen, daß er sich in positivere Gefühle und Gedanken verwandeln würde. Bedenken Sie, dass verbannte Perspektiven oftmals durch ihr genaues Gegenteil ersetzt werden. Überlegen Sie sich also gut, ob Sie diese begrüßen würden.

Nachdem Sie sich über den Seelenballast, den Sie loswerden möchten, klargeworden sind, schreiben Sie Ihre Ziele auf die Papierschnitzel und legen Sie sie konzentriert und willensstark in den Kessel. Indem Sie das tun, entfernen Sie sie aus Ihrem dunklen Dunstkreis und übergeben sie dem Universum, das dem Licht ermöglicht, sich einen Weg in Ihr Leben zu bahnen.

Beträufeln Sie die Papierschnitzel großzügig mit dem Feuerzeug-Gas und konzentrieren Sie sich währenddessen auf die transformativen Kräfte des Kessels. Zünden Sie nun das Feuer an. Wenn die Papierschnitzel Asche geworden sind, übergeben Sie sie dem Wind.

* Die Art des Papiers und die Farbe der Stifte können von großer Bedeutung sein. Wenn Sie sich beispielsweise von Armut befreien möchten, ist es ratsam, Ihr Ziel auf einen alten Kontoauszug zu schreiben. Rote Buchstaben auf dem Foto eines/einer Ex-Geliebten sind sinnvoll, wenn Sie sich von der Leidenschaft, die Sie für diesen Menschen empfinden, befreien möchten.

22. Dezember

Heute ist in einigen Ländern dieser Welt der Tag der Kinder (in anderen ist er am 25. Dezember). Verbringen Sie heute Zeit mit Ihren Kindern oder denen der Nachbarn. Spielen Sie mit ihnen, geben Sie ihnen Süßigkeiten, ermutigen Sie sie in ihren Vorhaben und stärken Sie ihr Selbstvertrauen. Beten Sie abends mit diesen Worten für die Kinder dieser Welt:

Ihr Uralten von nah und ferne
Etwas bitten möcht' ich Euch gerne
Schützt unsere Kinder vor dem Krieg
Frieden, Liebe und Hoffnung gehöre der Sieg
Und saubere Luft, die um uns weht
Wo am Himmel die wärmende Sonne steht
Beschützet sie und leitet sie bitte
So daß sie sicher sind in uns'rer Mitte

23. Dezember

Heute ist der letzte Tag des römischen Jahres, der mit den Festen zu Ehren der Laurentia (der Patronin des Todes, des alten Jahres und der bevorstehenden Erneuerung) und Lares (der Ahnen). Verabschieden Sie sich vom alten Jahr und den schönen Momenten, das es Ihnen beschert hat, mit diesem Gedicht:

Mit liebevollen Erinnerungen laß ich Dich gehen
Reite die sich verändernden Winde, die wehen
Ich werd' nicht vergessen, wie schön es war,
mit Dir, dem nun vergangenen Jahr
Doch das, was mich traurig machte, laß ich frei
Neues Jahr, neues Glück, komm' nun herbei

Heute können Sie sich auch von finsteren Gedanken und Gefühlen befreien, indem Sie einen kleinen Amethyst in die Hand nehmen, Ihre Augen schließen und tief in sich gehen. Sehen Sie Ihren unliebsamen Eigenschaften und schmerzhaften Erfahrungen ins Auge, visualisieren Sie sie, wie sie Ihre Seele verlassen und in den Amethysten ziehen. Bitten Sie dann Ihre Ahnen um ihre Unterstützung:

Vormütter und -väter, erhört mein Flehen
Kein Dunkel will ich mehr in meinem Leben sehen
Vertreibt die schmerzenden, traurigen Dinge
Den Staub und Schmutz, mit dem ich ringe
Scheinen in mir soll weißes Licht
Nach Dunkelheit sehn' ich mich nicht

24. Dezember

Da die Finnen glauben, daß Geister der Toten an diesem Tag ihre ehemaligen Häuser aufsuchen, zünden Sie weiße Kerzen an, um ihnen den Weg zu leuchten. Um all jene zu ehren, die einst in Ihrem Haus gelebt haben, zünden auch Sie eine weiße Kerze an und heißen die Geister mit diesen Worten willkommen:

Geister, willkommen seid Ihr hier,
liebe Gäste seid Ihr mir,
Ohne Furcht kommt in dieses Haus
Und müßt Ihr geh'n, laß ich Euch wieder hinaus

Der keltische Monat Beth beginnt heute. Er ist der Birke gewidmet und symbolisiert Geburt und Reinigung. Beginnen Sie den Tag mit einem reinigenden Bad. Lassen Sie das Wasser ein, fügen Sie Badesalz hinzu und sagen Sie dabei etwas wie:

Salz der Stärke, Salz der Kraft,
Befrei' mich von dem, das Schlechtes schafft
Vertreib' alles Böse nun aus mir
Reinige mich, Salz, ich huldige Dir

25. Dezember

Heute wird fast auf der ganzen Welt der Weihnachtstag und die Geburt des Christkinds gefeiert. Doch es gibt auch noch andere Sonnengötter, die heute Geburtstag haben – Sol Ivictus uns Horus zum Beispiel. Heute wird auch Haloa, ein wildes Fest im Zeichen von Dionysos, dem griechischen Gott des Weins und des Getreides, gefeiert. Huldigen Sie all der Sonnengötter, indem Sie nach draußen gehen und ihnen mit einem Glas Limonade zuprosten:

Göttinnen, Götter der Sonne, herbei!
Mein Ruf nach Euch schallt frank und frei
Wachst, gewinnt an Stärke und Macht
Dieser Trank ist zu Euren Ehren gedacht
Von oben wärmt uns und unsere Erde
Auf daß das Leben ein fruchtbares werde

26. Dezember

Heute ist der Stephanstag. Früher war es üblich, an diesem Tag Zaunkönige zu jagen und in Käfige bzw. Kartons zu sperren. Kinder zogen dann mit den Vögeln von Haus zu Haus, sangen ein Liedchen und baten um Süßigkeiten. Heute wird in manchen Teilen Europas ein unechter Vogel auf einem Stock zu diesem Zweck eingesetzt. Füttern Sie heute die Vögel mit Erdnußbutter-Vogelfutter (siehe Kapitel 12) und sagen Sie dabei etwas wie:

Gefiederte Freunde, kommt alle zu mir
Ihr zwitscherndes, geflügeltes, singendes Getier
Nehmt unsren Dank und diese Gaben,
Die wir für Euch gebacken haben

Am zweiten Weihnachtsfeiertag werden in vielen Kulturen die Armen beschenkt und Geld und anderes für caritative Zwecke gesammelt. Ursprünglich wurden Mitarbeiter in England am 26. Dezember von ihren Arbeitgebern beschenkt. Misten Sie heute Ihren Kleiderschrank aus und bringen Sie die Kleider, die Sie nicht mehr brauchen, zur Caritas oder einer anderen caritativen Einrichtung.

27. Dezember

Der Geburtstag der Freya, der nordischen Göttin der Liebe, nach der der Freitag benannt ist, fällt auf den heutigen Tag. Heute ist ein guter Tag, um einen Liebeszauber zu machen. Machen Sie heute für Ihre Familienmitglieder »Liebes«-Gerichte, wie Bratäpfel, Zimtkekse oder Kirschkuchen. Bitten Sie Freya gemeinsam um ihren Liebessegen im kommenden Jahr:

Freya, Deine Liebe scheine von oben
Auf uns, die Dich aus ganzem Herzen loben
Deine Zärtlichkeit wärme alle Wesen
Die Zeiten der Kälte sind nun gewesen
Laß wachsen, erstarken Deine vollkommene Liebe
Sie soll stärker sein als alle dunklen Triebe,
So daß wir leben in Harmonie
Und Hass und Wut uns verwirren nie

28. Dezember

Heuten feiern die Chinesen den Frieden, die spirituelle Erleuchtung und die Erneuerung. Den Göttern werden Opfergaben gemacht, unter anderem ein Pferd aus Papier, das die Namen aller trägt, die dieses Fest gemeinsam feiern. Das Pferd wird angezündet in der Hoffnung, daß die Namen in den Himmel fliegen und von den Göttern wahrgenommen werden. Schreiben Sie heute Ihre Wünsche für die Welt auf ein Stück Papier und verbrennen Sie es.

Heute beginnt auch der runische Halbmonat Eoh und viele glauben, daß es Unglück bringen soll, heute zu arbeiten. Gönnen Sie sich heute etwas und bitten Sie Ihre liebsten Gottheiten darum, sich heute zu Ihnen zu gesellen.

29. Dezember

Diesen Tag widme ich meinen Haustieren, zwei Labradoren namens Sadie und Jonah. Ich bade sie, bürste sie und gebe ihnen eine Extraportion Streicheleinheiten. Sie dürfen heute im Bett schlafen, sich auf das Sofa legen und werden heute von mir wie Mitmenschen behandelt. Ich backe auch Hundekuchen für sie (siehe Kapitel 12). Vor dem Zubettgehen befestige ich je einen Hämatit an ihren Halsbändern und bitte Diana darum, sie zu beschützen:

Große Diana, ich bete zu Dir
Bewahre vor Unheil den Hund, das Tier,
er soll es warm und sicher haben

und sich erfreuen an Deinen Gaben
Gib ihm Gesundheit und Deinen Segen
Dafür will ich Dir meine Dankbarkeit geben

Wenn Sie Katzen haben, machen Sie heute Katzen-Leckerlis (siehe Kapitel 12) für sie.

30. Dezember

Ich nenne diesen Tag Danke-Tag. Ich schreibe heute Briefe, um mich für die Geschenke zu bedanken, die mir während der Feiertage gemacht wurden. Bedanken Sie sich heute auch mit folgendem Gedicht bei den Ahnen und Göttern:

Von fern und nah kommt herbei, Ihr Alten
Leiht mir ein Ohr, Ihr hellen Gestalten
Dank sei Euch, gäb' es Euch nicht
Wär'n meine Tage weniger licht
Dafür, daß ihr mich vieles lehrt
Und oft zum Guten mich bekehrt
Mich bedeckt mit Liebe und mich schützt
Ich hoff', daß meine Ehrung Euch nützt

31. Dezember

Der letzte Tag des Jahres steht im Zeichen von Hogmagog, dem Sonnengott. Machen Sie es wie die Schotten und öffnen Sie kurz vor Mitternacht alle Türen und Fenster, um die Geister des Jahres zu vertreiben. Scheuchen Sie sie mit folgenden Worten hinaus:

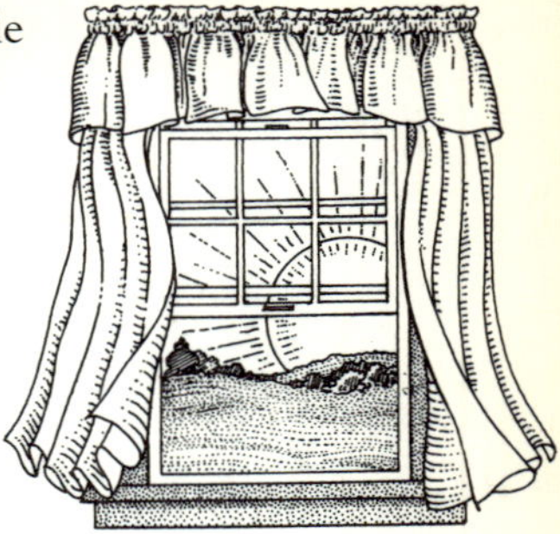

Geister der Kälte, des Dunkels, geht fort
Vorbei ist die Zeit an diesem Ort
Reinigt dies Haus, für Neues schafft Raum
Verschwindet nun, ich vermisse Euch kaum

Auch wenn der Kalender an dieser Stelle endet, muß das nicht bedeuten, daß es Ihre Feiertage auch tun. Im Internet und in Ihrer Bibliothek können Sie weitere Anregungen finden. Seien Sie kreativ. Es gibt viele herzerwärmende und lichtbringende Anlässe im Winter, um zu feiern.

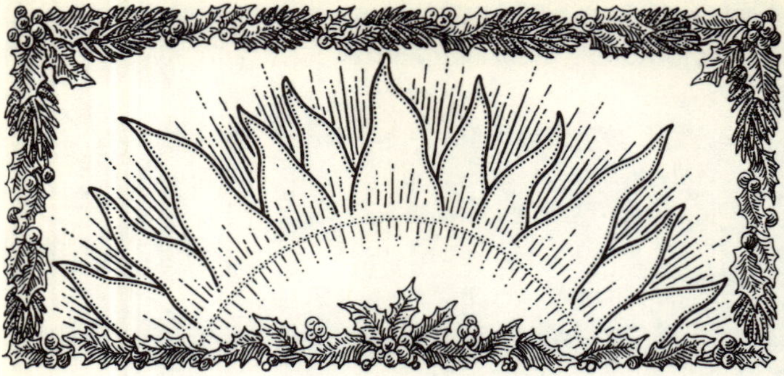

19

Wie Sie während der Feiertage glücklich bleiben

Die Feiertage mit all ihrem Zauber haben auch eine Kehrseite. Leider arten die Vorbereitungen mitunter in Streß aus. Um das zu vermeiden, habe ich hier einige Tips zusammengestellt, die dafür sorgen sollen, daß Ihre Feiertage nicht nur festlich beginnen, sondern auch so enden:

- Versuchen Sie nicht, alles an einem Tag zu erledigen. Verteilen Sie lieber die anstehenden Aufgaben über mehrere Tage.
- Wenn es Ihnen zu viel wird, bitten Sie Ihre Familienmitglieder, Freunde und Nachbarn um Hilfe. Dies ist schließlich die Zeit der Freude und der Nächstenliebe.
- Lachen Sie laut und oft, auch über sich selbst. Da Sie im Moment viel zu tun haben, ist es nur natürlich, wenn ein-

mal etwas schiefgeht oder mißlingt. Macht nichts. Lachen Sie darüber. Lachen ist eine wunderbare Medizin.

- Meiden Sie Einkaufzentren, wenn Sie die Menschenmassen stören. Bestellen Sie statt dessen per Katalog oder im Internet oder erledigen Sie Ihre Einkäufe vor dem Weihnachtstrubel oder machen Sie Ihre Geschenke selbst.

- Öffnen Sie die Vorhänge und Fensterläden. Natürliches Licht sorgt für gute Stimmung.
- Auch wenn Sie kein Partytiger sind, nehmen Sie Einladungen an. In einer Gruppe von feiernden Menschen kann keine schlechte Laune aufkommen.
- Gönnen Sie sich jeden Tag etwas, z. B. ein heißes Bad oder einen köstlichen Gourmet-Kaffee. Das hält den Streß fern und nach all dem, was Sie geleistet haben, haben Sie es sich auch verdient!

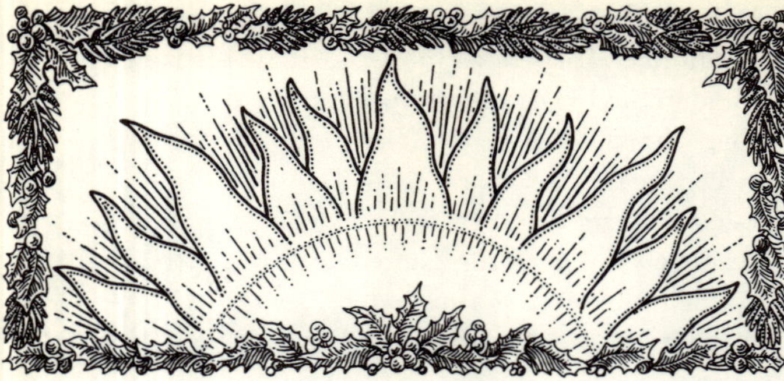

20

Nach den Feiertagen

Viele fürchten das Ende der Feiertage. Nicht weil nun die schönste Zeit des Jahres zu Ende ist, sondern weil jetzt der Baumschmuck, die Girlanden, die Strümpfe und die übrigen Dekorationen heruntergenommen und verstaut werden müssen. Das ist eine ermüdende und anstrengende Angelegenheit, zumal die meisten Leute zu wenig Platz haben, um alles gut unterzubringen. Aus diesem Grund habe ich einige Tips zusammengestellt, um diese Probleme zu lösen. Probieren Sie sie aus, dann sitzen Sie schon bald entspannt bei einem heißen Cidre, während Ihre Nachbarn sich noch abmühen!

- Entfernen Sie Schneespray mit einem Eiskratzer von Glasflächen und verwenden Sie Reinigungsalkohol und Zeitschriften, um Rückstände zu beseitigen.

- Verstauen Sie Baumschmuck, Lichterketten etc. in durchsichtigen Plastikboxen mit Deckeln. Sie lassen sich gut stapeln und im nächsten Jahr werden Sie erkennen können, was sich darin befindet, ohne sie öffnen oder beschriften zu müssen.
- Wickeln Sie Lametta-Girlanden und Lichterketten um die Boxen und befestigen Sie sie mit Klebeband, so verheddern sie nicht.

- Wenn Sie Popcorn-, Beeren- und/oder Samengirlanden angefertigt haben sollten, werfen Sie sie nicht weg, sondern hängen Sie sie in Bäumen oder an Zäunen auf. Die Vögel werden es Ihnen danken.
- Werfen Sie Girlanden aus Glitzerfolie nicht weg, sondern rollen Sie sie auf und befestigen Sie sie mit etwas Draht. Geben Sie sie dann in verschließbare Plastikbeutel. Nächstes Jahr können Sie sie zum Basteln verwenden.
- Verstauen Sie Glaskugeln mit Zeitungspapier, Styropor und übriggebliebenem Geschenkpapier.
- Heben Sie die Weihnachtskarten, die Sie bekommen haben, in alphabetischer Reihenfolge auf, dann vergessen Sie niemanden, wenn Sie im nächsten Jahr Ihre Karten verschicken.
- Das gleiche gilt für die Namensschilder an den Geschenken, die Ihnen gemacht wurden.
- Wenn Sie alles verstaut haben, schreiben Sie die Rezepte und Bastelanleitungen, die Sie in diesem Jahr ausprobiert haben, und Ihre persönlichen Eindrücke auf. Kleben Sie die

besten Fotos der Feiertage und die Schnitzel von besonders schönem Geschenkpapier ein. Unterschreiben Sie mit Ihrem Namen und dem Datum. Auf diese Weise können Rituale und Traditionen an die nächsten Generationen weitergegeben werden.

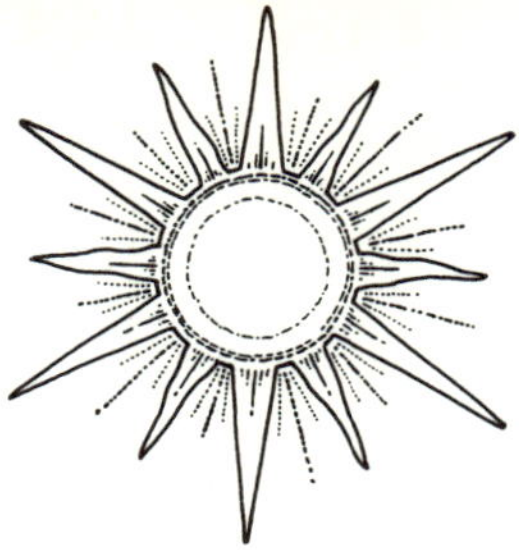

Die Pflichten des Sonnengottes

Ich bin das Licht, das die Dunkelheit durchbricht
Und das Lächeln auf des Kindes Gesicht
Ich bin die Wärme, des Sommers Gelingen
Und die Funken, die aus dem Feuer springen
Der Geruch von Orangen und Äpfeln bin ich,
Und der Duft von Zimt, Muskat und Nelke, so köstlich
Ich bin die Stechpalme, der Efeu, der Mistelzweig
Des großen Gottes Joves Heiterkeit
Ihr findet mich in der Alten kleinen Lachfalten
Und in der Hoffnung, die sich die Kinder erhalten
Ja, Liebe und Freude und Wärme sind mein
Wo Freundlichkeit ist, dort will ich sein
Ich bin Dein Vater, Dein Bruder, der Weise
Und ich wärm' Dich mit meiner Liebe leise
Ich erhell' Deine Sorgen, bring' Gesundheit und Macht
Schütt' von oben auf Dich meine Strahlen ganz sacht
Aber vergeßt nicht, meine Kinder, zeigt auch Dank
Für meinen Bruder, das Dunkel, in dem der Winter versank
Denn er ist der Anlaß für diese Tage
Von Freude, Liebe, Gesang und Gelage

Anhang I

Göttinnen, die in Zusammenhang mit dem Julfest stehen

Alkyone
Amaterasu
Astraea
Babuschka
Bamya
Bertha
Bona Dea
Bruma
Cailleach Bheur
Dame von Guadeloup, die
Demeter
Eguski
Frigg
Freya
Hertha
Holle
Isis
Libertas
La Befana
Lucina
Maria
ModresNach
Mutter Nacht
Mudda Nacht
Neith
Ops
Pallas Athena
Perchta
Rhea
Sankrat
Sapientia
Schwarze Madonna, die
Sefira
Skadi
Sophia
Spinnenfrau
Takel
Tonatzin
Unchi-Ahchi
Xi Hou

Anhang II

Götter, die in Zusammenhang mit dem Julfest stehen

Apollon
Attis
Babbo Natale
Balder
Bozicek
Chango
Ded Moroz
Diev
Dionysos
Dun Che Lao Ren
Eichenkönig, der
Gehörnte, der
Herkules
Herr der Unordnung, der
Hogmagog
Horus
Jesus
Joulupukki
Julbocken
Julgubben
Julenissen
Juliman
Jupiter
Karascony Apo
Kerstman
Kris Kringel
Kronos
Marduk
Mithra
Odin
Osiris
Papai Noel
Pere Noel
Perseus
Ra
Santa Claus
Saturn
Sinterklaas
Shengdan Laoren
Sin dao lo ian
Sol Invictus
Schwarze Peter, der
St. Nikolaus
Stechpalmenkönig
Theseus
Thor
Vater Sonne
Vater Winter
Woden
Zeus
Ziemmassve'tku veci'tis

Anhang III

Wie sagt man in anderen Ländern »Fröhliche Weihnachten«?

Afrika: Rehus-Beal-Ledeats
Albanien: Gezur Krislinjden
Argentinien: Feliz Navidad
Brasilien: Boas Festas e Feliz Ano Novo
Bulgarien: Ttchestita Koleda; Tchestito Rojdevstvo Hristovo
Finnland: Hyvaa Joulua
Frankreich: Joyeux Noel
Griechenland: Kala Christouyenna
Holland: Vrolijk Kerstfest en een Gelukkig Nieuwjaar
Island: Gledileg Jol
Indonesien: Selamat Hari Natal
Irak: Idah Saidan Wa Sanah Jadidah
Irland: Nollaig Shona Dhuit; Nodlaig mhaith chugnat
Italien: Buone Feste natalizie
Japan: Shinnen Omedeto, Kurisumasu Omedeto
Kroatien: Sretan Bozic
Lettland: Prieci'gus Ziemsve'tkus un Laimi'gu Januno Gadu
Norwegen: God Jul; Gledelig Jul
Rumänien: Sarbatori vesele
Rußland: Pozdrevlyayu s prazdnikom Roxhdestva is Novim Godom
Schottland: Nollaig chridheil huibh
Spanien: Feliz Navidad
Schweden: God Jul; Ett Gott Nytt Ar
Tschechien: Prejeme Vam Vesele Vanoce a stastny Novy Rok
Thailand: Sawasee Pee Mai

Türkei: Noeliniz Ve Yeni Yiliniz Kutlu Olsun
Ungarn: Kellemes Karacsonyi Unnepeket
Wales: Nadolig Llawen
Yoruba: E Ku odun e ku iye'dun

Anhang IV

Jul-Webseiten (englisch)

www.argyll.demon.co.uk/xmas.html
www.candlegrove.com/yule.html
www.circlesanctuary.org/pholidays
www.infidels.org/org/aha/ceremonie/meaning-christmas.html
www.infostarbase.com/tnr/xmas/santa.html
www.imagitek.com/xmas
www.oakridger.com/stories/122297/aps_legacy.html
www.polishworld.com/christmas
www.prime.org/holiday/xmas1.html
www.santas.net
www.the-north-pole.com
www.santaclaus.com

Bibliographie

Campanelli, Pauline. *Wheel of the Year: Living the Magical Life*. Saint Paul: Llewellyn Publications, 1989

Conway, D. J. *Ancient Shining Ones*. Pasint Paul: Llewellyn Publications, 1993

Cooper, J. C. *The Aquarian Dictionary of Festivals*. Northhamptonshire, England: Aquarian Press, ein Imprint der Thorson's Publishing Group, 1990

Henderson, Henele und Sue Ellen Thompson, Hrgb., *Holidays, Festivals and Celebrations of the World Dictionary*, Detroit: Omnigraphics, 1997

J. C. Penney Co. *Handmade from the Heart: Creative Crafts for all Seasons*. Kearney: Morris Publishing, 1996

Monaghan, Patricia. *Godesses & Heroines*. Saint Paul: Llewellyn Publications, 1998

New LaRosse Encyclopedia of Mythology. Middlesex, England: Hamlin Publishers, 1968

Petrash, Carol. *Earthways*. Mt. Rainier: Gryphon House Inc., 1992

Polle, Jane, Hrgb. *Reader's Digest American Folklore and Legend*. Pleasantville: Reader's Digest Association Inc., 1978

Rufus, Anelli. *The World Holiday Book*. San Francisco: Harper San Francisco, 1994

Stein, Diane. *The Goddess Book of Days*. Saint Paul: Llewellyn Publications, 1998; Freedom: Crossing Press, 1992

Telesco, Patricia. *365 Goddess: A Daily Guide to the Magic and Inspiration of the Goddess*. New York: Harper San Francisco, ein Imprint von Harper Collins, 1998

Van Rentergen, Tony. *When Santa was a Shaman*. Saint Paul: Llewellyn Publications, 1995

Walker, Barbara G. *The Woman's Encyclopedia of* Myths *and Secrets*. New York: Harper & Rowe Publishers, Inc., 1983

Die beliebten Kartendecks der erfolgreichen Engel-Autorin

Das Erzengel-Orakel
45 Karten mit Anleitung
9,5 x 13,5 cm
ISBN: 3-7934-2028-0

Das Heil-Orakel der Feen
44 Karten mit Anleitung
9,5 x 13,5 cm
ISBN: 3-7934-2029-9

Mit diesen **Orakel-Karten** finden Sie einen persönlichen Zugang zur Welt der Engel, die uns helfen, innere Kraft und Zuversicht zu gewinnen.

Das Heil-Orakel der Engel
44 Karten mit Anleitung
9,5 x 13,5 cm
ISBN: 3-7934-2017-5